美肩やせ！

著・つむらみお

1回30秒でゴリラ肩解消！

見た目マイナス3キロ

ハーパーコリンズ・ジャパン

はじめに

「体重は変わっていないのになぜか太って見える」

「似合わない服が増えた」

「最近『疲れてる？』と聞かれる」

「毎日肩が重い……」

「年齢よりも年上に見られる」

――最近そんなこと、増えていませんか？

もしかしたらその原因はズバリ！〝ゴリラ肩〟になっているせいかも⁉

ゴリラ肩とは、肩まわりに肉がついて、肩がガチガチに凝り固まっている状態のこと。首は短く背中も丸まって……そう、まるでいかついゴリラのようなシルエット。〝ゴリラ肩になると、体重は変わっていないのに太って見えたり、疲れた印象になったり、おま

けに老けて見えたりしてしまいます。

何気なく過ごしている1日。そのなかには、ゴリラ肩へまっしぐらになってしまう原因や習慣が、当たり前のようにひそんでいます。ついつい長い時間見てしまうスマホやタブレット、そしてデスクワークが重なれば、体は自然とその姿勢を覚えて自分のものにしていきます。

そこでこの本では、ゴリラ肩になる体の仕組みや原因、今すぐできる解消エクササイズについてまとめてみました。

肩まわりが美しいシルエットになれば、どの角度からも健康的で美しく見えるだけでなく、ファッションを楽しんだり、気持ちも前向きに変わっていきます。鏡で一番、目にする部分だからこそ、磨きをかけることで諦めがちだったダイエットも成功させられる、とっておきの部位なんです!

さあ、一緒に、スッキリ軽やかな肩まわりを目指しましょう!

レッツ・脱ゴリラ肩!

もくじ

STEP 4

なぜゴリラ肩になるの？

まず、この本では次のような状態を〝ゴリラ肩〟と呼びます。

- 肩まわりに肉がついて〝こんもり〟している
- 肩が耳より前に出ている（巻き肩）
- 背中が丸まっている（猫背）
- 肩がもりあがって、首が短く見える

「あ！　これ私のことかも……」と思い当たる項目はありませんか？

でも、誰だってはじめからゴリラ肩だったわけではありません。
実は知らず知らずにやっているあんな姿勢やこんな習慣が、ゴリラ肩の原因に……。
その原因と仕組みを簡単に説明します。

どうして肩がカチカチ、背中が丸まった、ゴリラ肩の状態になってしまうのか？

それは、肩まわりの一部の筋肉が緊張して凝り固まってしまい、それとは逆に別の筋肉の力が弱まってしまうことが原因。

つまり「**筋肉のバランスが悪い状態**」になっているんです。

例えばスマホを見たりパソコン作業をしたりするとき、みなさん手を前に出しますよね。その姿勢が長時間続くと、どうしても背中が丸まって、頭が前に落ちてきてしまいがち。首の前についている筋肉（斜角筋）がギュ～ッと緊張して凝り固まってしまいます。

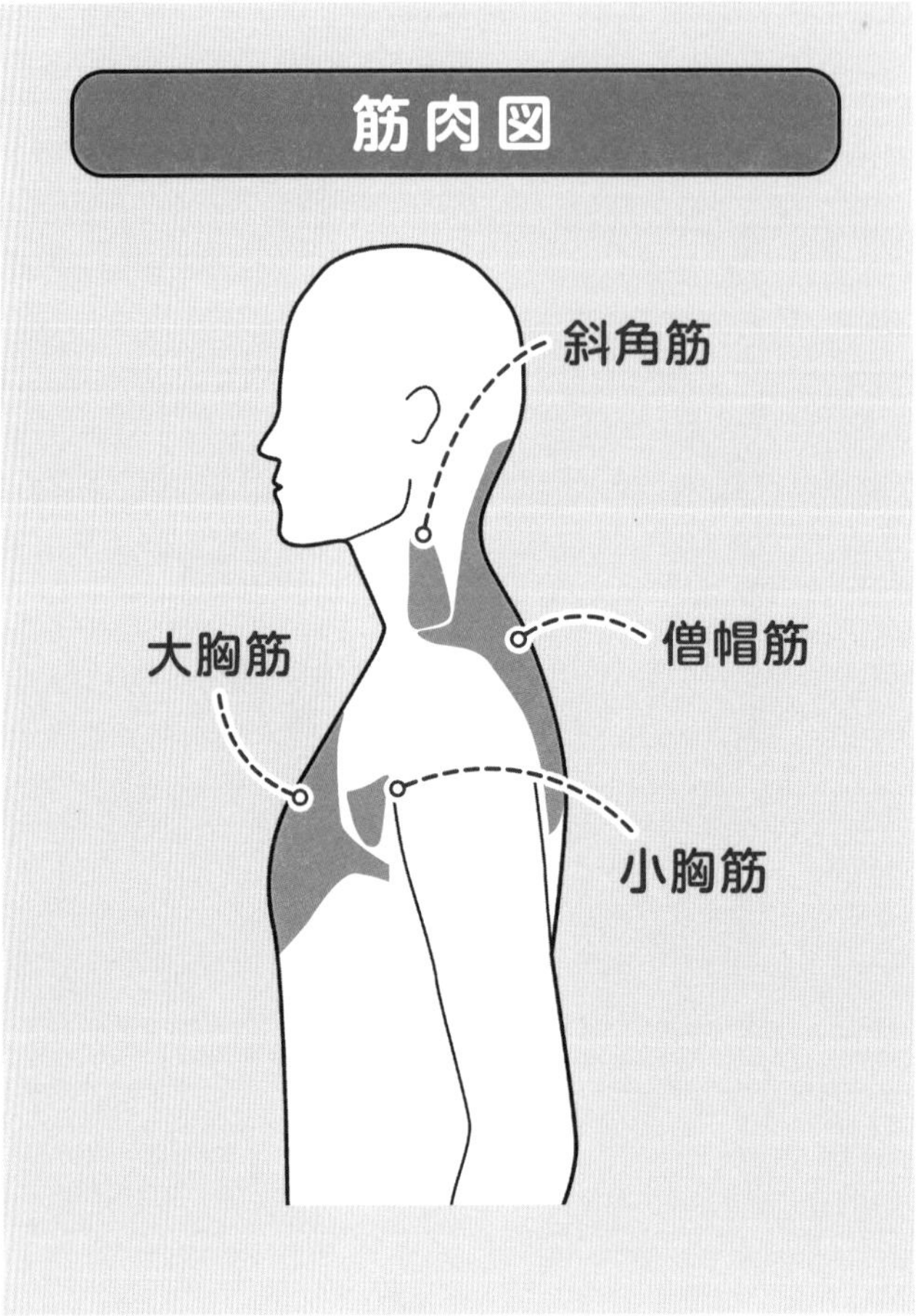

そうすると、肩の上にある大きな筋肉（僧帽筋上部）も一緒に前へ前へと引っ張られ、どんどん緊張が強くなり、**こんもりとしたゴツい印象**に。

これが〝ゴリラ肩〟の始まりです。

肩まわりの筋肉がガチガチに固まると、反対に弱くなってしまう筋肉があります。

それが背中の筋肉（僧帽筋中部や下部）。背中が丸まっていると、緩みっぱなしの背中の筋肉は、どんどん弱くなっていきます。

やがて、ピン！　と背筋を伸ばすのがしんどくなって**「猫背でいた方がラク～」の悪循環**に入ってしまうんです。

背中が丸まって巻き肩になれば、おのずと胸の前側の筋肉（小胸筋や大胸筋）もちぢこまった状態のままになってしまいます。結果、バストが垂れてしまうことにも。まさに負の連鎖……。

この状態から抜けだすには、とにかく最初に、固まってしまった筋肉をほぐすことが大事！本の後半では、筋肉のコリを気持ちよくほぐしながら、弱くなった筋肉をよみがえらせて、本来の体のバランスを取り戻すためのエクササイズを紹介していきます。そのときに、ぜひこの筋肉の仕組みを思いだしながら、それぞれの部位を意識し、動かしてみてください。

きっと、効果的に各部位を刺激できるはずです。

お悩みレスキュー

Q&A vol.1

気になるダイエット中のお悩みを、みお先生に相談！

Q ダイエットのモチベーションを保つコツは？

A 明確な目標を立ててみて！ でも頑張りすぎないのもポイントです。

例えば「結婚記念日にこのワンピースをきれいに着られるようにする」といった、動機がはっきりとした期限のある目標を立てると、やる気が自然と出てきやすいです。

ただ、あまり高い目標を立てると、なかなか達成できなくてストレスになることもあるので、身の丈に合った目標に設定をし直しましょう。また頑張り屋さんは、燃え尽き症候群にならないよう意識的に休みをとりましょう。

1人だとなかなか続かない……という方は、サークルに入ったり気の合う仲間と励まし合ったりするなど、モチベーションを保てる環境に身を置くことも大切です。

あなたのゴリラ肩度チェック

ゴリラ肩の仕組みがわかったところで、今のあなたのゴリラ肩度をチェックしてみましょう。知らず知らずのうちにゴリラ肩になる習慣、続けていませんか？

Check

- □ スマホ、パソコンを1日3時間以上使っている
- □ 猫背気味だ
- □ ストレッチや運動をする習慣がほとんどない
- □ 最近、首が短くなった気がする

- □ 肩こりに悩んでいる
- □ 両手を上にまっすぐあげるのがツライ
- □ 肩が耳より前に出ている
- □ バッグを片側にかける癖がある
- □ 鎖骨が見当たらない
- □ 横向きじゃないと寝られない

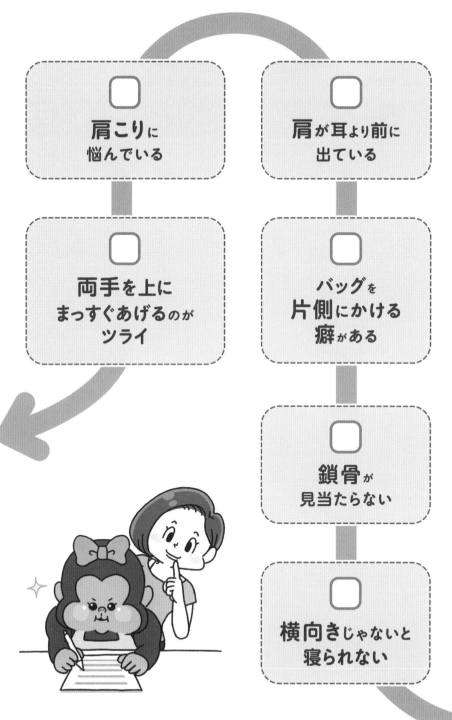

診断結果

✓Checkが 8〜10個

あなたは ゴリラ肩度マックス！

ゴリラ肩度合いはかなり深刻。このままガチガチ肩を放っておくと、頭痛などの体調不良を引き起こす可能性も。日ごろの習慣を見直しながら、今すぐ一緒に対策を始めましょう。

✓Checkが 5〜7個

あなたは 立派なゴリラ肩

れっきとしたゴリラ肩です。自分でも最近肩まわりが気になっていませんか？　ゴリラ肩が板についてくると、体を動かすのが億劫《おっくう》になりがちですが、改善するなら今しかありません。レッツ・脱ゴリラ肩！

✔Checkが

1～4個

あなたはゴリラ肩予備軍

まだまだ大丈夫！　なんて油断は禁物です。1つでも当てはまるものがあれば、それはすでにゴリラ肩の始まり。今のうちからしっかり対策をして、ゴリラ肩を寄せつけないようにしましょう！

✔Checkが

0個

あなたは美肩

みごとパーフェクト。今の習慣を続けていきましょう！　そのうえで肩まわりのストレッチを取り入れていけば、さらにしなやかで美しい肩ラインを目指すことも可能です。

お悩みレスキュー

Q&A vol.2

気になるダイエット中のお悩みを、みお先生に相談！

Q エクササイズって1日のうち「いつ」やるのがベストでしょうか？

A 時間帯ではなく「タイミング」でやろう！

　みなさん忙しい毎日を送っている方がほとんど。「朝起きたらすぐやるぞ」「夕食のあとやるぞ」なんて決めていても、ふとした予定の変更で時間がなくなってしまうことも多いのでは？　一度やらない日が出るとずるずる〜っとやらなくなってしまったり、「今日もできなかった……」なんて妙な劣等感や焦りを感じる原因にも。

　そこでエクササイズを毎日の生活に取り入れるのがおすすめ。例えば「トイレに行ったあとはこのエクササイズをやる」「テレビを見ながらこれをする」といったように、時間帯ではなくタイミングで、日常のなかにエクササイズを取り入れてみましょう！

見た目も心も、肩まわり肉で決まる!?

ゴリラ肩を解消した先にどんな未来が待っているのか？
肩まわりがスッキリすれば、
体にも心にもこんなにメリットいっぱい！
主なものをご紹介します。

メリット

1 マイナス5歳の見た目が手に入る

年齢を重ねるとボディライン全体のシルエットがぼやけます。これがいわゆる「老け見えする」ということ。それに、肩や胸の筋肉が凝り固まって下に引っ張られた状態が続くと、フェイスラインやバストがたるむ結果に……。まわりから疲れて見られ、老け見えを加速させます。

特に肩まわりは誰かと話すとき、相手の視線が集中する重要エリア。肩まわりで見た目の印象が大きく変わると言っても過言じゃありません！

これまでたくさんの生徒さんにレッスンしてきましたが、肩まわりがスッキリして美しいデコルテラインになると、だいたい見た目が5～10歳は若返ります（これホント！）。

印象が垢《あか》抜《ぬ》けて自信もつくと、表情から変わってきますよ。

メリット 2

自分の好きな服が自由に選べる

ボディラインに自信がないと「自分が服を選ぶ」、ではなくて「服に自分が選ばれる」状態になってしまいます。本当はワンショルダーが着たくても、体形が隠れるゆったりした服を選んだり……。できればせっかくの人生、好きな服を楽しく気持ちよく着たいですよね。

特に肩のラインやデコルテは服を着こなすのに重要な部分！　おなかや脚と違って、なかなか服で隠すこともできません。だからこそ、ゴリラ肩を解消してスッキリしたら、どんな服でも自信を持って着られるはず。

薄着になる季節も臆することなく迎えられますよ！

メリット

3

肩こりや頭痛などの体調不良が改善する

肩まわりの筋肉がギュ〜ッと凝り固まったゴリラ肩は、いわゆる血行不良の状態。

そうなると肩こりが慢性化して、朝起きたときからずーっと疲労感が抜けない状態が続いてしまいます。「疲れたな〜」が口癖になってませんか？　あまりに血行不良がひどいと、頭痛や吐き気を引き起こす……なんて場合も。

エクササイズでコリをほぐし始めると、まず最初に、体が軽くなるのを実感できるはずです。

一生を共にするのではないかというレベルの慢性肩こりさん、頭痛もちさんでも、知らず知らずのうちに楽になっていく方も多いですよ。

メリット4

リラックスした気分で過ごせる

胸がちぢこまった状態だと肺もぎゅっと押しつぶされて、どうしても呼吸が浅くなってしまいます。つまり常に緊張状態を強いられているようなもの！

最近眠りが浅くって……なんてことありませんか？

いい姿勢で呼吸がたっぷり深くできるようになると、自然とリラックスした気持ちにつながります。

ゴリラ肩の解消はメンタルにも効果てきめんなんです。

メリット

5

二の腕、首、デコルテラインが整う

二の腕、首、デコルテラインは「部分やせは難しいよね」「体重落とさないとキレイにならないよね」と諦める方も多いけれど、ちょっと待って！

肩まわりが本来のバランスを取り戻して、コリのない正しい状態になれば、見違えさせることができるんです。それこそ体重が変わらなくても、見た目マイナス３キロの印象を手に入れられます！

それに「年齢的にたるむのはしょうがないし……」と諦められがちな部位ですが、いえいえ、しなやかな筋肉をつけて余分な脂肪を削《そ》ぎ落とし、むくみを改善すれば、何歳からだってキレイに整えることができるんです。

メリット

6 見える風景が広がる

ゴリラ肩で巻き肩になると、どうしても視線が下向きになりがち。

そうなると視野もおのずと狭くなってしまいます。

ゴリラ肩が解消すれば、胸が開いて自然と目線があがり、見える景色が広がります。

例えばふだん見慣れているはずの家までの道だって、「あんなところに歩道橋があったんだ」「あ、あのビルにあんな店が入ってたんだ」なんて新しい発見があるかも。――ためしに胸を開いて、視線をあげてみてください。それだけで気持ちの持ちようも違ってきますよ！

お悩みレスキューQ&A vol.3

気になるダイエット中のお悩みを、みお先生に相談！

Q 骨格的に肩まわりが張っている場合はどうにもなりませんか？

A 「印象」にアプローチすることはできます！

残念ながら根本的な骨格を変えることはできませんが、骨についている筋肉のこわばりをとることで、「ゴツゴツした印象」にアプローチをすることはできます。

実践パートに出てくるSTEP1などの「ほぐすアプローチ」と、軽い有酸素運動をして様子を見てみてください。

「スポーツで肩まわりがゴツくなってしまった」という方も同じです。

実践パート

さあ、それではいよいよ
ゴリラ肩を解消していきましょう！

実践パートの進め方

実践パートは４つに分かれています。

STEP1 気持ちよくほぐして伸ばして。ながら時間でできるお手当て。

STEP2 毎日やりたい、お体メンテナンス。

STEP3 ゴリラ肩を絶対解消したい人向けの、エクササイズ。

STEP4 もっと頑張りたい人向けの、応用エクササイズ。

「こんなにたくさんできないよ！」と思われたそこのあなた。
STEP1～**STEP4**のエクササイズをぜんぶやる必要はありません。

まずは好きな動作を選んで、毎日5つやってみましょう。「やってみたらこの動作が気持ちよかった！」からでも、「ここに効く！」の項目で目星をつけてみるでも◎。

本書の使い方

どんな効果があるのかを説明。気になったものからやってみるのもアリ◎

エクササイズにかかる時間の目安です

エクササイズがどの筋肉に働きかけるかを図で解説。頭の中でイメージしながらやってみて！

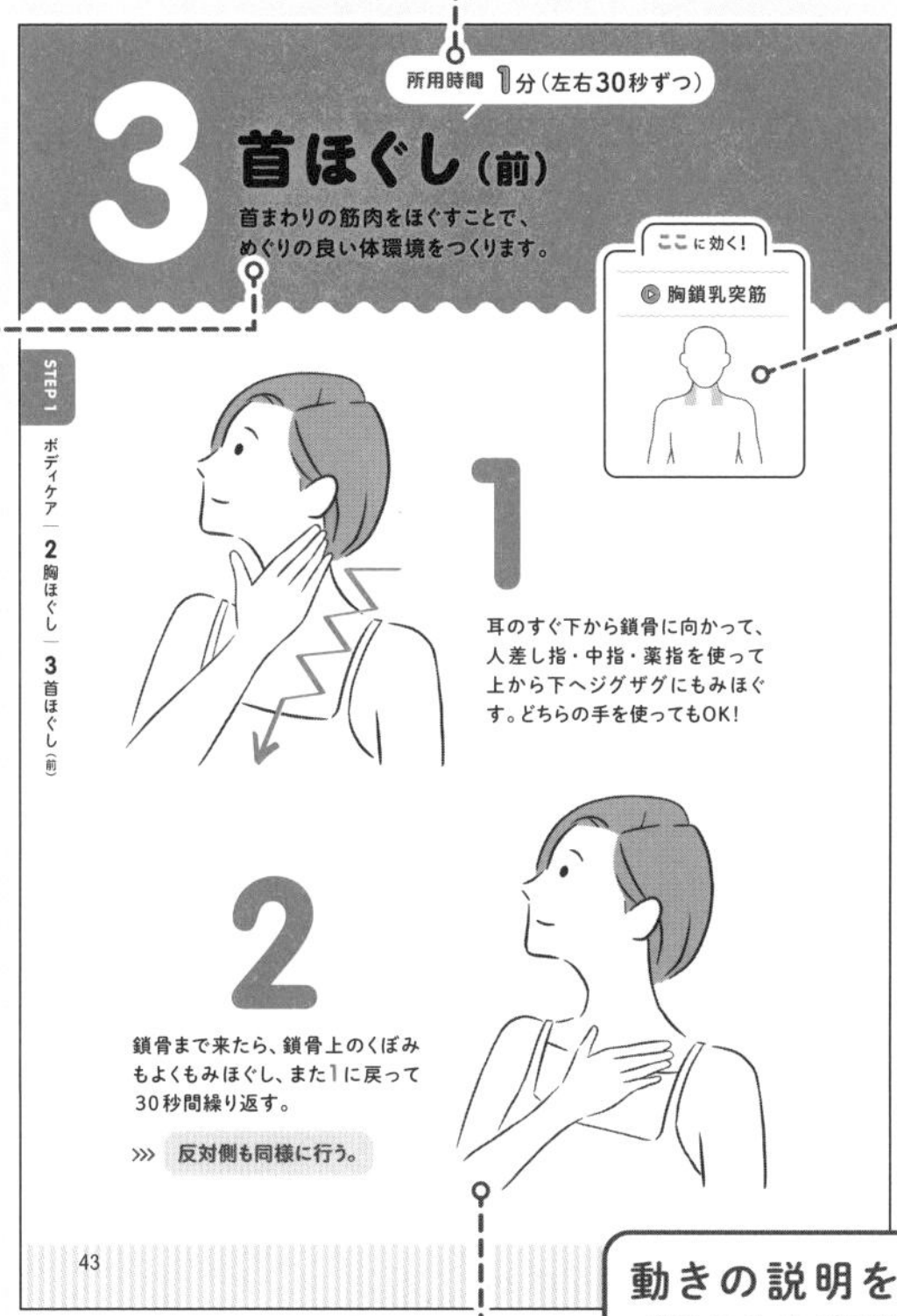
所用時間 1分（左右30秒ずつ）
3
首ほぐし（前）
首まわりの筋肉をほぐすことで、
めぐりの良い体環境をつくります。
ここに効く！
胸鎖乳突筋
STEP 1
ボディケア ― 2 胸ほぐし ― 3 首ほぐし（前）
1
耳のすぐ下から鎖骨に向かって、
人差し指・中指・薬指を使って
上から下へジグザグにもみほぐ
す。どちらの手を使ってもOK！
2
鎖骨まで来たら、鎖骨上のくぼみ
もよくもみほぐし、また1に戻って
30秒間繰り返す。
>>> 反対側も同様に行う。
43

動きの説明を読んで、イラストを真似しながらやってみましょう！

書籍連動動画へのアクセス方法

お使いのスマートフォンで
右のQRコードを読みとってください。

そうは言ってもどれから始めたらいいのかわからない、という方に厳選のモデルコースを5つ紹介します。迷ったらここからやってみて！

王道モデルコース

バランスよく肩まわりをスッキリさせたいときに

STEP 1-1
腕ほぐし（⇒P.40）

▼

STEP 1-2
胸ほぐし（⇒P.42）

▼

STEP 2-6
手首ストレッチ（⇒P.62）

▼

STEP 2-5
キャット&ドッグ（⇒P.60）

▼

STEP 3-4
背中引き寄せエクササイズ（⇒P.72）

▼

STEP 3-7
背泳ぎエクササイズ（⇒P.78）

お悩み別モデルコース

●「キレイな鎖骨を手に入れたい！」

STEP 1-10
壁どんストレッチ（⇒P.50）

▽

STEP 2-7
脇腹伸ばし（⇒P.63）

▽

STEP 3-6
肘上げエクササイズ（⇒P.76）

▽

STEP 4-3
くるくる背中寄せ（⇒P.86）

▽

STEP 4-1
肩甲骨エクササイズ（⇒P.82）

▽

STEP 4-5
サイドレイズ（⇒P.89）

●「ゴツい肩をなんとかしたい」

STEP 3-2
横脇のびのびストレッチ（⇒P.69）

▽

STEP 3-5
背中肉つぶしエクササイズ（⇒P.74）

▽

STEP 2-8
体ひねりストレッチ（⇒P.65）

▽

STEP 4-7
ロボットダンス（⇒P.92）

▽

STEP 4-13
腕たたき（⇒P.101）

▽

STEP 4-14
腕フリフリ（⇒P.102）

「肩こりがひどい」

STEP 1-5
頭横ほぐし（⇒P.45）

▽

STEP 1-3
首ほぐし（前）（⇒P.43）

▽

STEP 1-4
首ほぐし（後ろ）（⇒P.44）

▽

STEP 2-3
首ストレッチ（斜め後ろ）（⇒P.58）

▽

STEP 2-1
頭回し（⇒P.56）

▽

STEP 1-8
肩上げ下げ（⇒P.48）

▽

STEP 1-9
肩回し（⇒P.49）

「首が短い」

STEP 1-6
頭てっぺんほぐし（⇒P.46）

▽

STEP 2-2
首ストレッチ（横）（⇒P.57）

▽

STEP 2-4
首ストレッチ（斜め前）（⇒P.59）

▽

STEP 3-1
胸開きエクササイズ（⇒P.68）

▽

STEP 4-10
腕振りきりエクササイズ（⇒P.96）

▽

STEP 4-9
V字ばんざい（⇒P.94）

実践に入る前にもう3ステップやってみましょう。

モチベーションも「続ける力」も全然違ってくるはず！

ステップ1

なりたい姿を具体的に書きだす

「2カ月後にこのワンピースが似合う体になる！」など、具体的な目標をイメージした方が、継続して努力ができるものです。

ステップ2

今気になるところや不調を書きだす

エクササイズによる改善はじわじわっと効果が出てくるので、最初は変化がわかりにくく、それがモチベーション低下につながってしまうケースも。初めに今気になっているところや不調を書きだしておいて、日々どのように変化していくかと観察するのもおすすめです。日々の小さな変化に気づくことが、継続のコツです。

ステップ3

期限を決める

「いつかやろう」は「いつまでもやらない」につながりがち。

「今年中に変わればいいかなぁ」と思っていると、ずるずると先延ばしになってしまいます。

「○カ月後の同窓会までに～」「半年後の旅行までに～」など、ある程度具体的に期限を決めておくと、行動力が変わってきます！

記入日
年　月　日

目標シート

1「こうなりたい!」の目標
(★なるべく具体的に書いてみましょう)

2 体のどんなところが気になっている?

3 いつまでに達成するか
(★目標となるイベントがあれば書いてみましょう)

期限	年　月　日

お悩みレスキュー Q&A vol.4

気になるダイエット中のお悩みを、みお先生に相談！

Q 早くやせたいから、1日にエクササイズを何回もやってもいいですか？

A 1日の運動ボリュームをあげても、早く体が変わるわけではありません。

疲労感を残さない程度の負荷で運動することで、体が軽くなる感覚をとらえながらコツコツ行っていくのがベスト！

毎日5つのエクササイズをまずは習慣化することからスタートして、無理なく続けられるペースを見つけていきましょう！

基本姿勢5つのポイント

いよいよ実践です。ゴリラ肩解消レッスンは、正しい姿勢で行ってこそ。いつも次の5つを意識して！

1. 骨盤はニュートラルな位置

骨盤は水が入った盥《たらい》のイメージ。中身がこぼれないように、前にも後ろにも倒れすぎないように意識！

2. 背骨は上に引き上げる

頭上から糸で引っ張られているように、背筋を伸ばして。背骨1本1本の間に隙間をつくるイメージ。

3. おへそは縦にまっすぐ

おへそが縦に伸びるようなイメージ。

4. 肩の力は抜く

背筋を伸ばそうとすると、肩に力が入ってしまうことも。肩は脱力してストンと落とします。

5. 耳と肩の位置はそろえる

頭が前に出ないように、耳と肩が同じ直線上に来るようにそろえましょう。

さあ、準備は整いましたね？

それでは次のページから いざスタート！

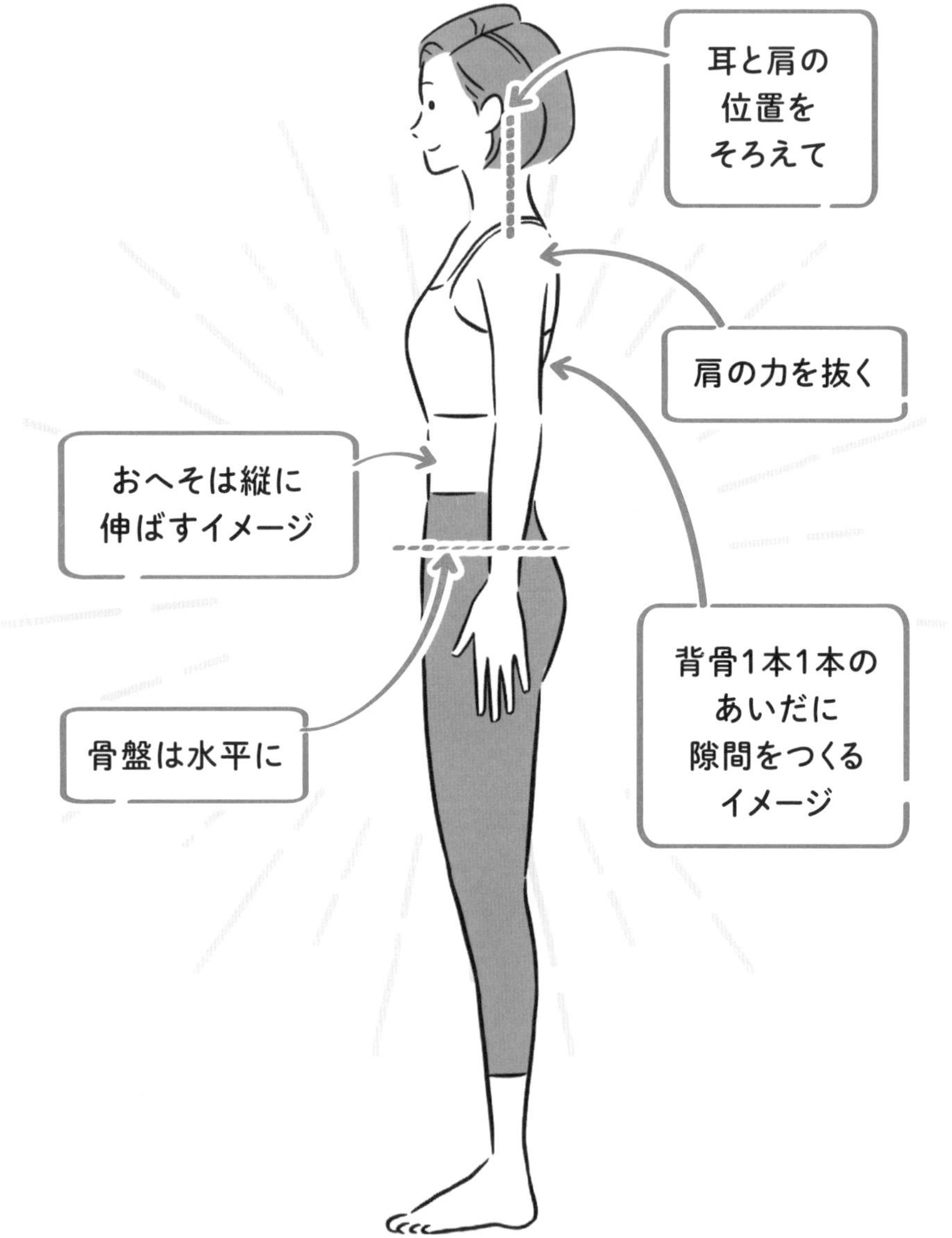
耳と肩の位置をそろえて
肩の力を抜く
おへそは縦に伸ばすイメージ
背骨1本1本のあいだに隙間をつくるイメージ
骨盤は水平に

STEP 1

ボディケア

気づいたときのちょこっとお手当て

所用時間 1分（左右30秒ずつ）

1 腕ほぐし

腕の前側にアプローチ。手首まで大きく動かして
ほぐすことで、手首が内側に入るのを防ぎます。

ここに効く！

腕橈骨筋《わんとうこつきん》

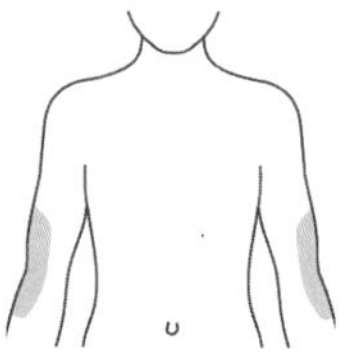

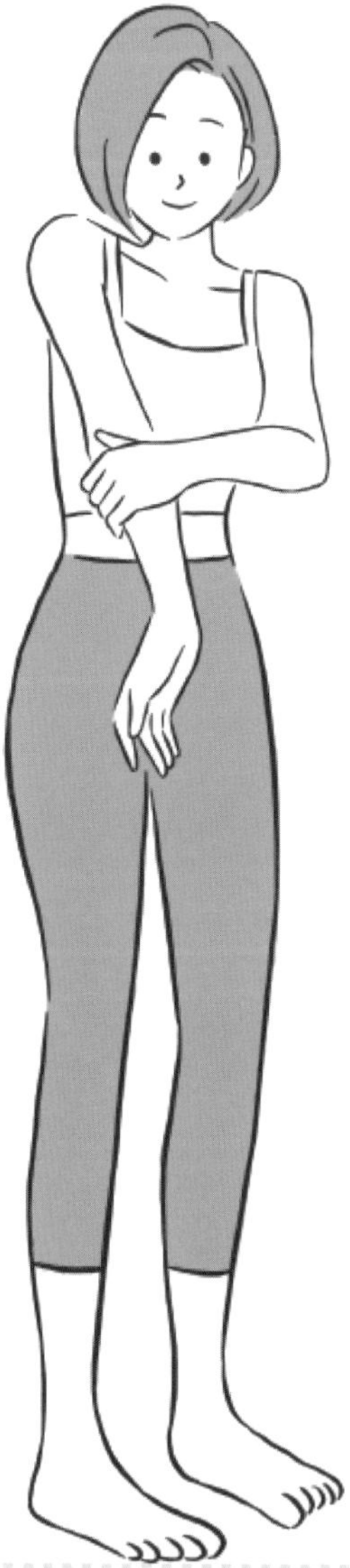

1

肘の少し下、外側にある筋肉を、反対の
手のひらでおおうように押さえる。

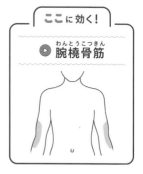

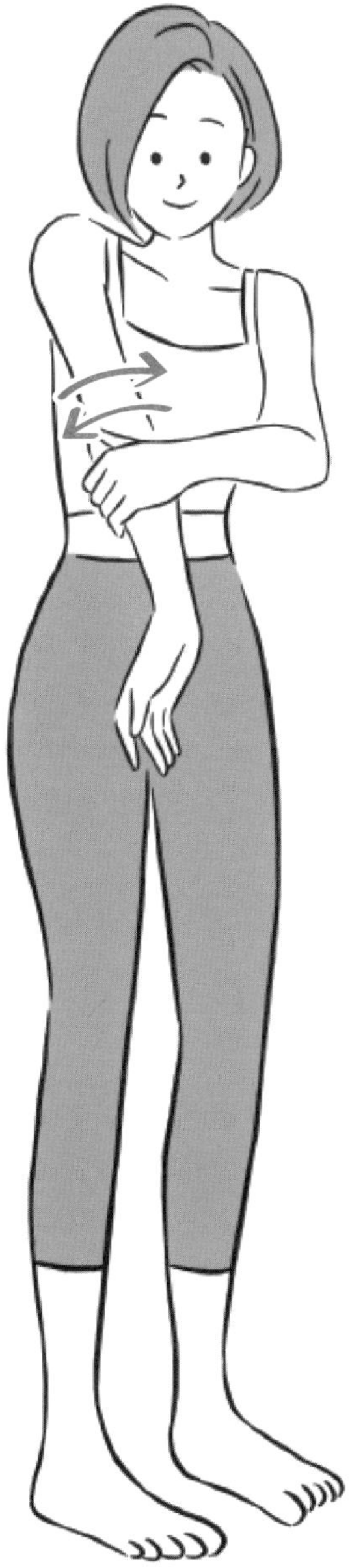

2

30秒間、おおっている手は外側に、伸ばしているほうの腕は内側にひねって、ぞうきん絞りをするように腕をほぐしていく。

>>> **反対側も同様に行う。**

所用時間 1分（左右30秒ずつ）

2 胸ほぐし

胸筋が固まって縮まった状態が続くと、前に引っ張られて
猫背の原因に！

ここに効く！

▶ 小胸筋

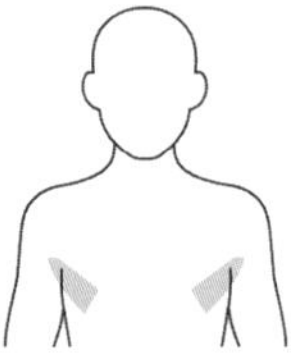

1

鎖骨の下にある胸筋に、
反対側の手を添える。

2

30秒間、指や手のひらを使って、さすったり
押したりしながらほぐしていく。

››› **反対側も同様に行う。**

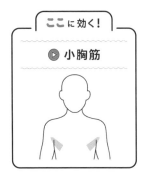

所用時間 1分（左右30秒ずつ）

3 首ほぐし（前）

首まわりの筋肉をほぐすことで、
めぐりの良い体環境をつくります。

ここに効く！

▶ 胸鎖乳突筋

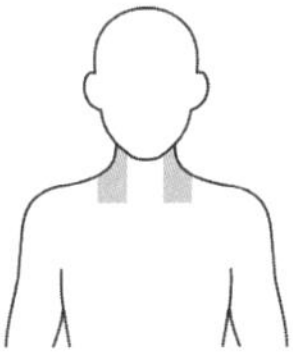

1

耳のすぐ下から鎖骨に向かって、人差し指・中指・薬指を使って上から下へジグザグにもみほぐす。どちらの手を使ってもOK！

2

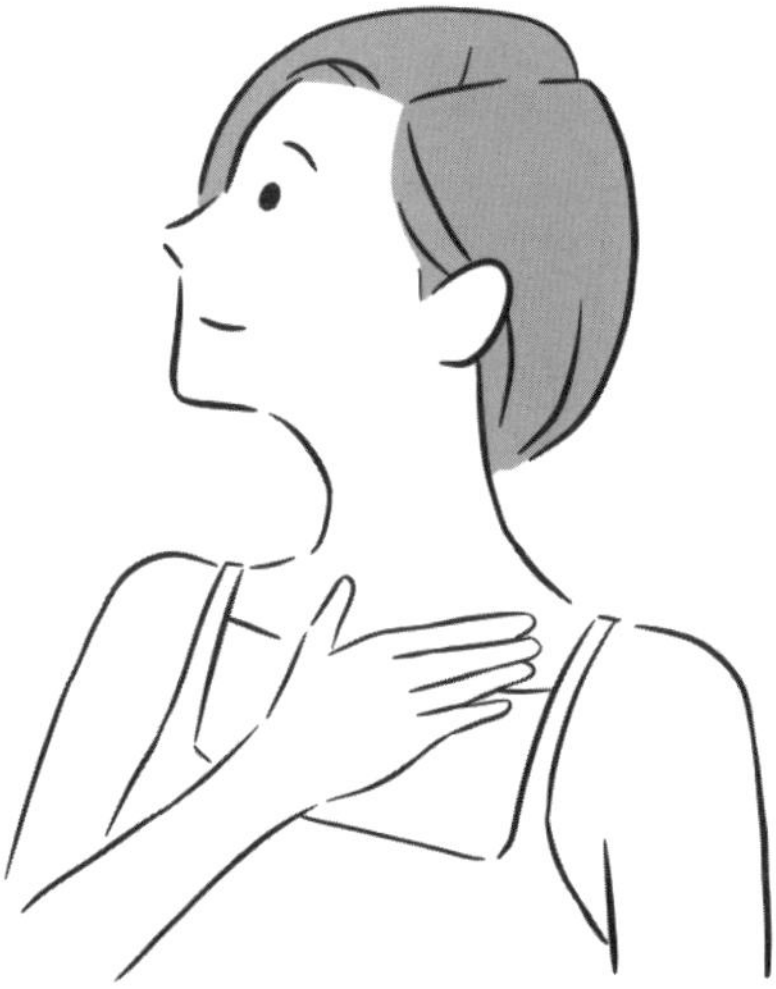

鎖骨まで来たら、鎖骨上のくぼみもよくもみほぐし、また1に戻って30秒間繰り返す。

>>> 反対側も同様に行う。

所用時間 1分（左右30秒ずつ）

4 首ほぐし（後ろ）

首から肩・背中の上部にかけた大きな筋肉が僧帽筋。
ここがこんもりしていると、もろゴリラ肩！

ここに効く！

▶ 僧帽筋

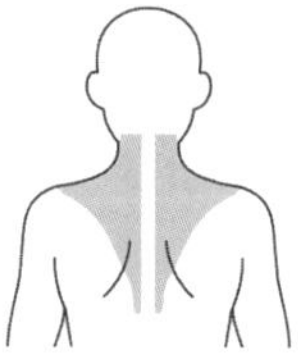

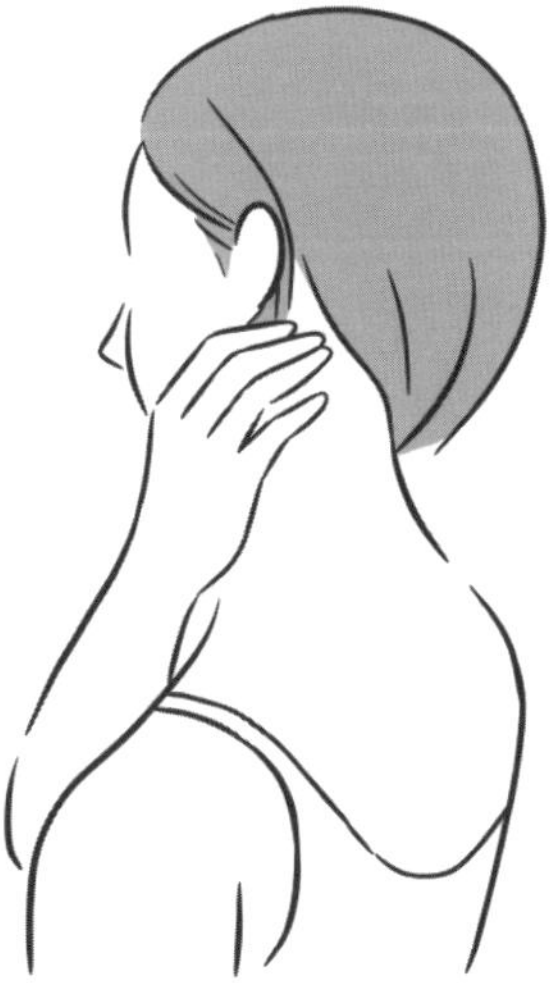

1

顔を斜め下に向け、耳の後ろの盛り上がった部分に、反対側の指先をあてる。

2

肩に向かって指先でさするようにもみほぐす。肩まで行ったら1に戻って30秒間繰り返す。

>>> 反対側も同様に行う。

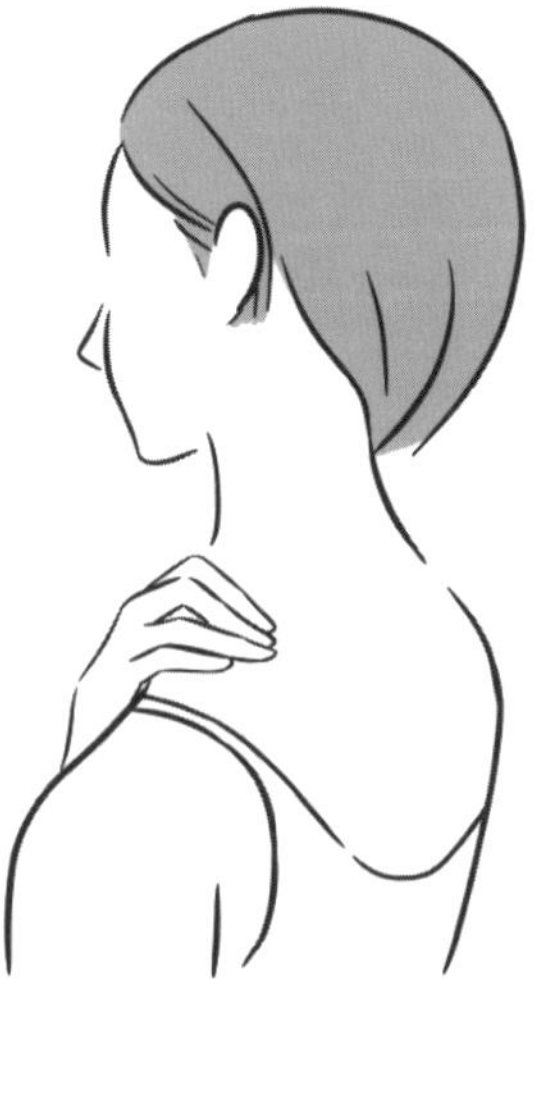

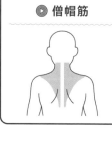

5 頭横ほぐし

所用時間 30秒

肩のコリは頭部の緊張に。
優しく頭もほぐしましょう!

ここに効く!

▶ 側頭筋

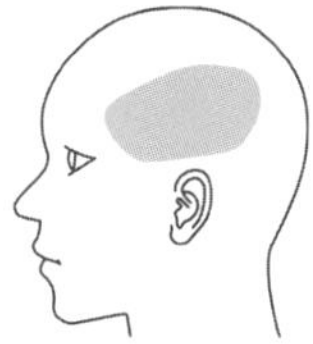

1

両手の付け根をそれぞれ
頭の横にあてる。

2

30秒間、円を描くように
もみほぐす。

所用時間 30秒

6 頭てっぺんほぐし

美のツボが集中している頭頂部。
おでこのシワ予防にももってこい!

ここに効く!

▶ 帽状腱膜

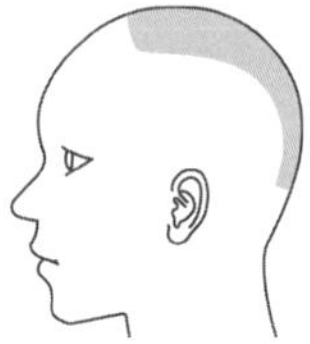

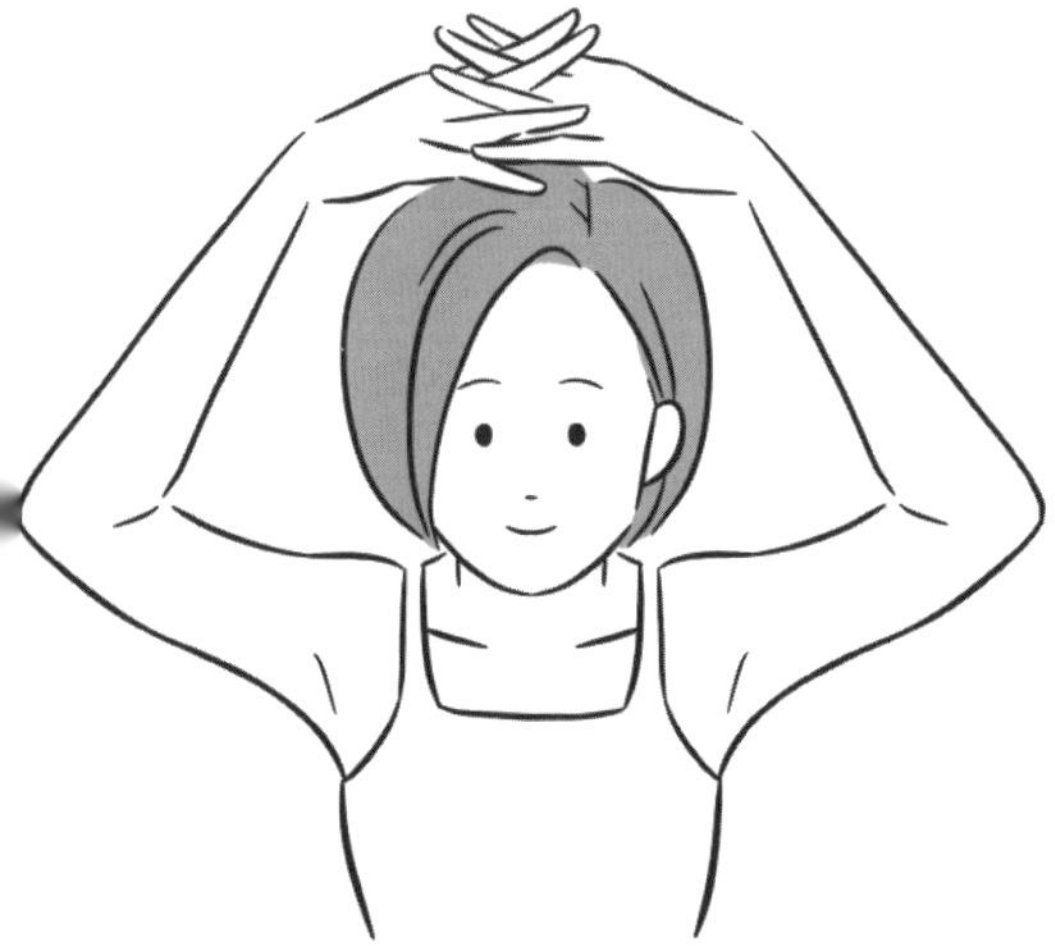

1

両手を組んで、手の付け根を頭頂部付近にあてる。

2

30秒間、組んだ手のひらの付け根で頭頂部をはさみ、頭皮をつまみあげるようなイメージでほぐす。

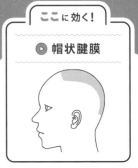

7 耳ほぐし

所用時間 1分(左右30秒ずつ)

意外と耳も凝っているもの。
むくみ、たるみケアで小顔効果もあり!

ここに効く!

▶ 耳介筋

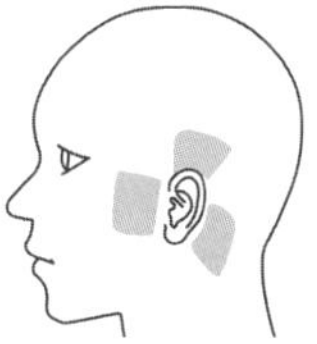

1 耳のつけ根を、手でつつむようにつまむ。

2 30秒間、つまんだ耳を回すようにしてほぐす。

>>> 反対側も同様に行う。

所用時間 30秒

8 肩上げ下げ

手軽にできるから、スキマ時間にもおすすめ！
緊張を和らげたいときにも効果的。

ここに効く！

僧帽筋

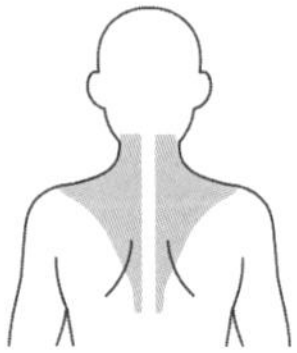

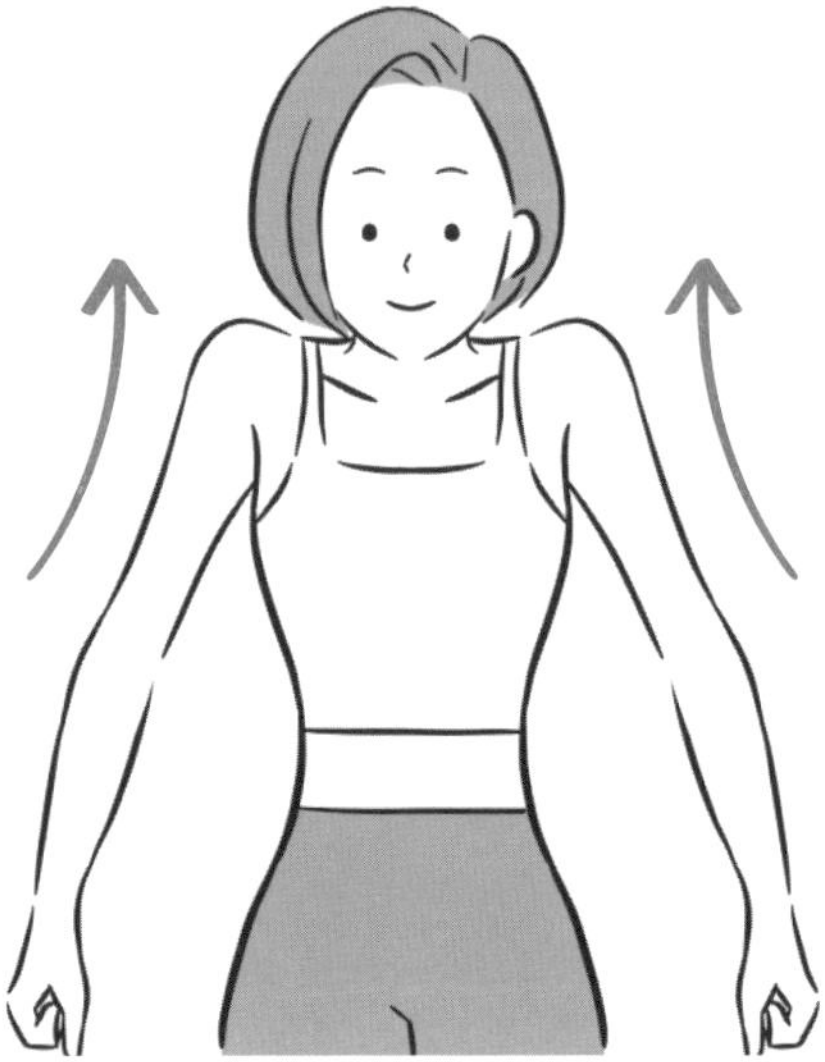

1

脱力した状態から、息を吸いながら両肩をすくめるように、思いきりグッと持ち上げる。

2

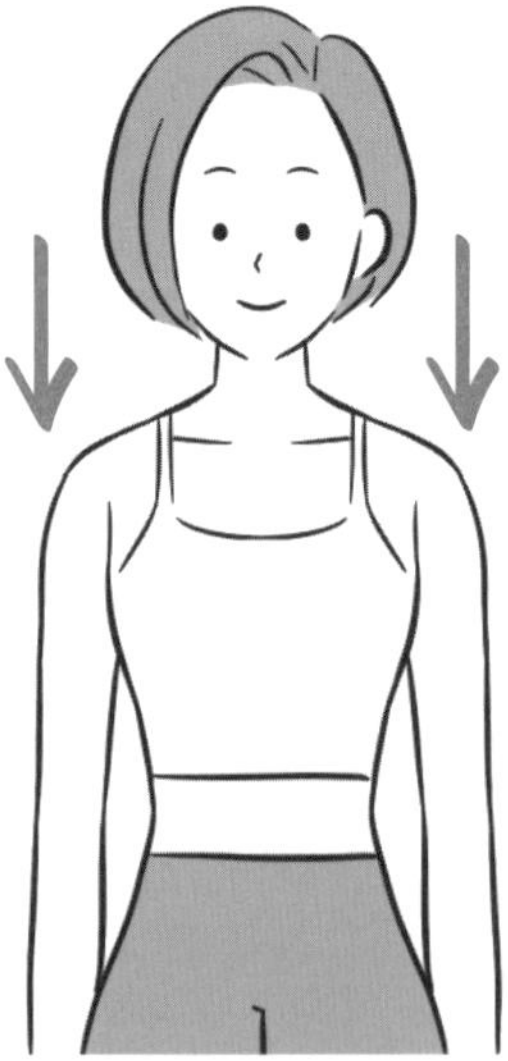

息を吐きながら一気に力を抜いて、肩をストンと落としリラックス。また1に戻って上げ下げを30秒間繰り返す。

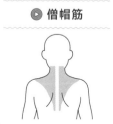

所用時間 30秒

9 肩回し

肩甲骨を意識しながら大きく動かして。
コリに効いて気持ちいい!

ここに効く!

▶ 肩甲挙筋・菱形筋

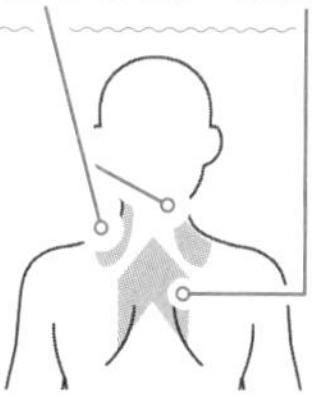

1 腕を軽く曲げ、両肘を胸の前に。

2 大きな円を描くように、両肘で前から後ろへ回転させる。3秒に1回転くらいのペースで30秒間繰り返す。

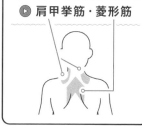

所用時間 1分（左右30秒ずつ）

10 壁どんストレッチ

巻き肩や猫背に効果的。
肘が曲がらないように注意して！

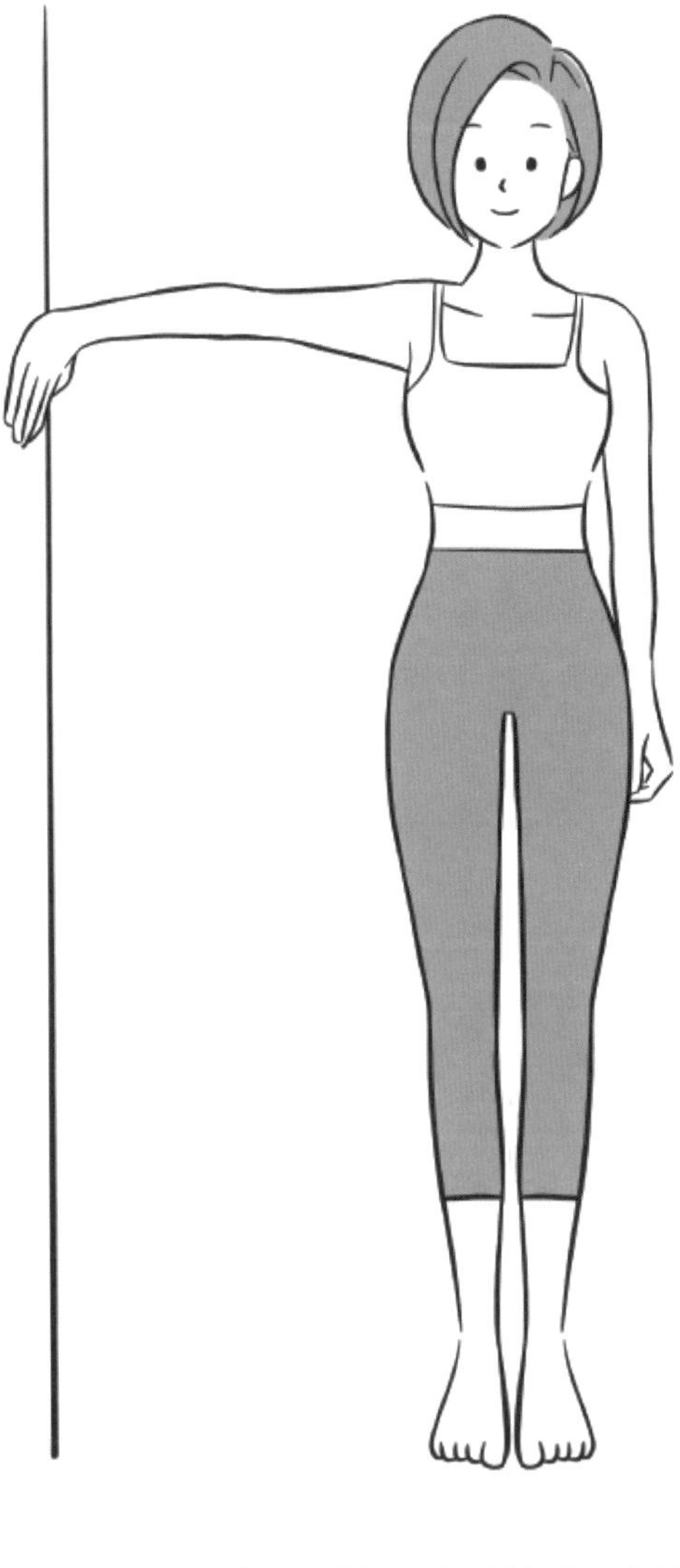

ここに効く！

小胸筋・大胸筋

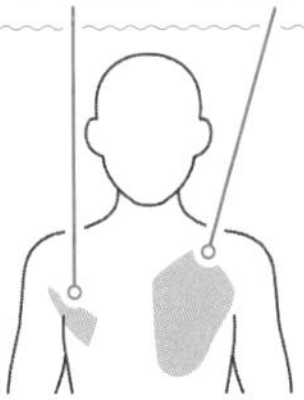

1

指を下に向けて、肩と同じ高さになるように手のひらを壁にしっかりつける。肘はぴんと伸ばす。

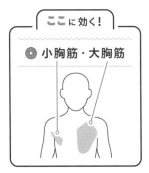

2

肘を伸ばした状態で、手のひらと逆側に体をひねり、30秒間キープ。

>>> 反対側も同様に行う。

11 肩甲骨パタパタエクササイズ

所用時間 30秒

「天使の羽」が見える背中づくり！ デコルテにも効果あり。

ここに効く！

▶ 菱形筋

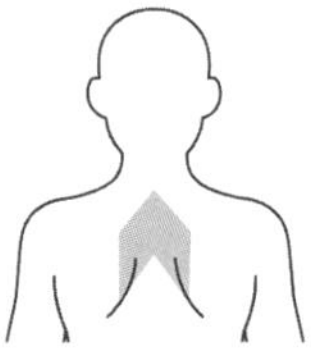

1

腕を肩の高さにあげ、手を斜め下に向けて壁につける。手と手は、肩幅よりも少し広いくらいの間隔であける。

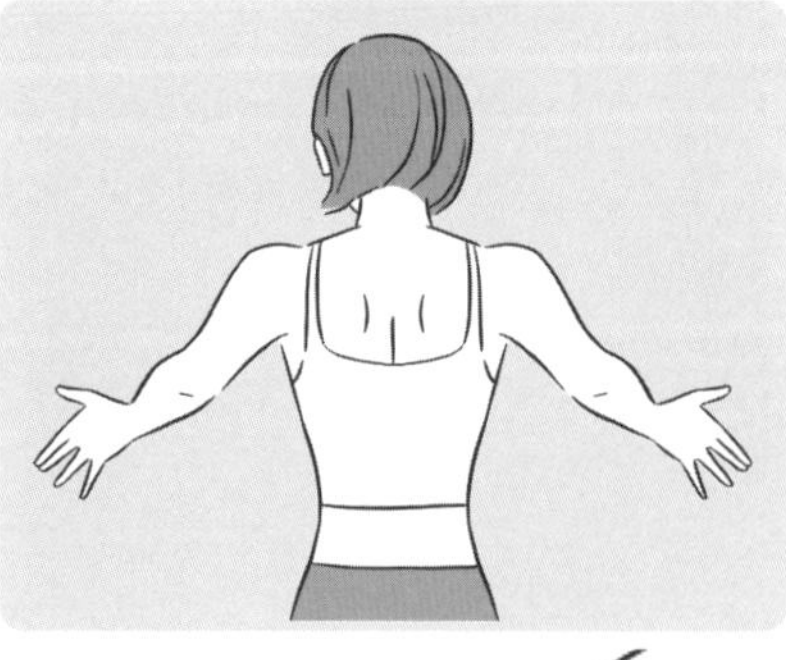

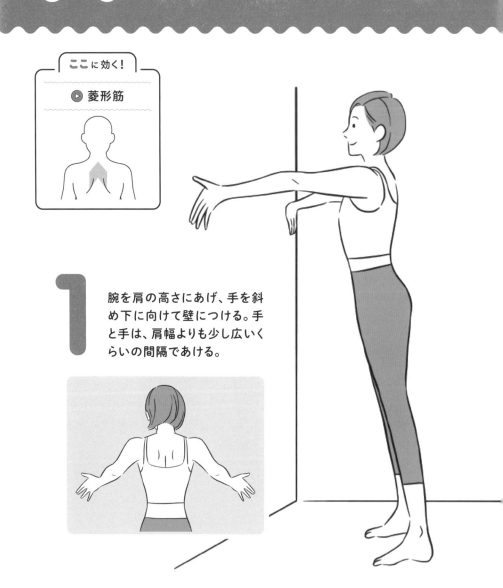

2

30秒間、「上半身を壁の方に倒す↔元に戻す」を繰り返す。肩甲骨を羽のようにパタパタ動かすイメージで。肘を曲げすぎないように注意。

お悩みレスキュー Q&A vol.5

気になるダイエット中のお悩みを、みお先生に相談！

Q 肩を回すと、ゴリゴリ鳴るけど大丈夫でしょうか？

A 痛みがある場合は中止して、病院へ行きましょう。

主に3つの原因が考えられます。

1つ目は、血行やリンパの流れが悪くなって、老廃物が蓄積されている場合。2つ目は、猫背やスマホ首、巻き肩など悪い姿勢を続けているために、筋肉が固くなっている場合。3つ目が運動不足。デスクワークなどで長時間同じ姿勢でいると、頭の重さを支える首や肩に負担がかかってしまうため、筋肉や腱《けん》が固くちぢこまってしまい、ゴリゴリ鳴る場合があります。

いずれもエクササイズで原因を取り除いていくことがおすすめですが、痛みがある場合は受診して専門家の判断を仰いでください。

STEP 2

コンディショニング ストレッチ

毎日やりたい体メンテナンス

所用時間 30秒

1 頭回し

ちょっと頭が重たいな…
というときにもオススメ！

ここに効く！

▶ 首まわり全体

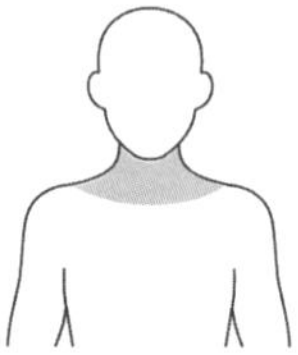

1 楽な姿勢をとり、ゆっくりと頭を回す。

2 1周したら反対側に回す。肩に力を入れず、リラックスした状態で30秒間続ける。

所用時間 1分（左右30秒ずつ）

2 首ストレッチ（横）

頭の重みをいつも支えてくれてる首。
気持ちよく伸ばしてあげましょう。

ここに効く！

肩甲挙筋

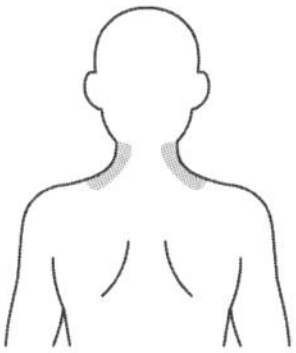

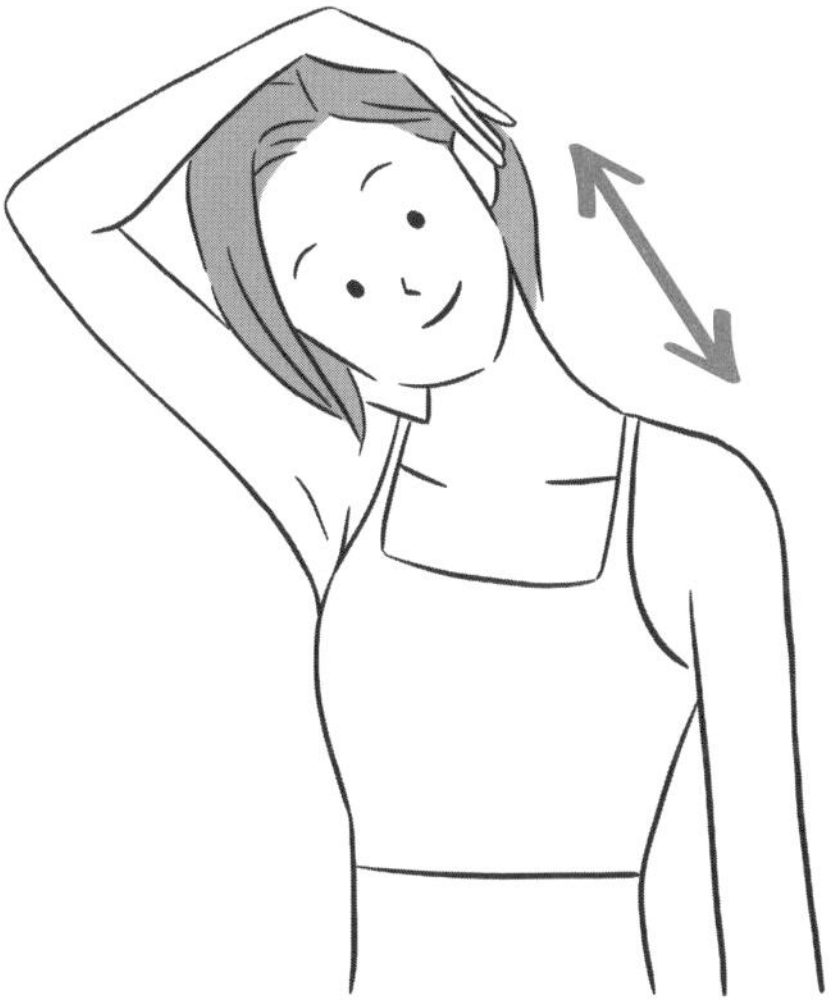

1 肩の力を抜いて楽な姿勢をとり、右の手のひらを頭の左側にあてる。

2 左手の甲は腰の後ろにあてる。

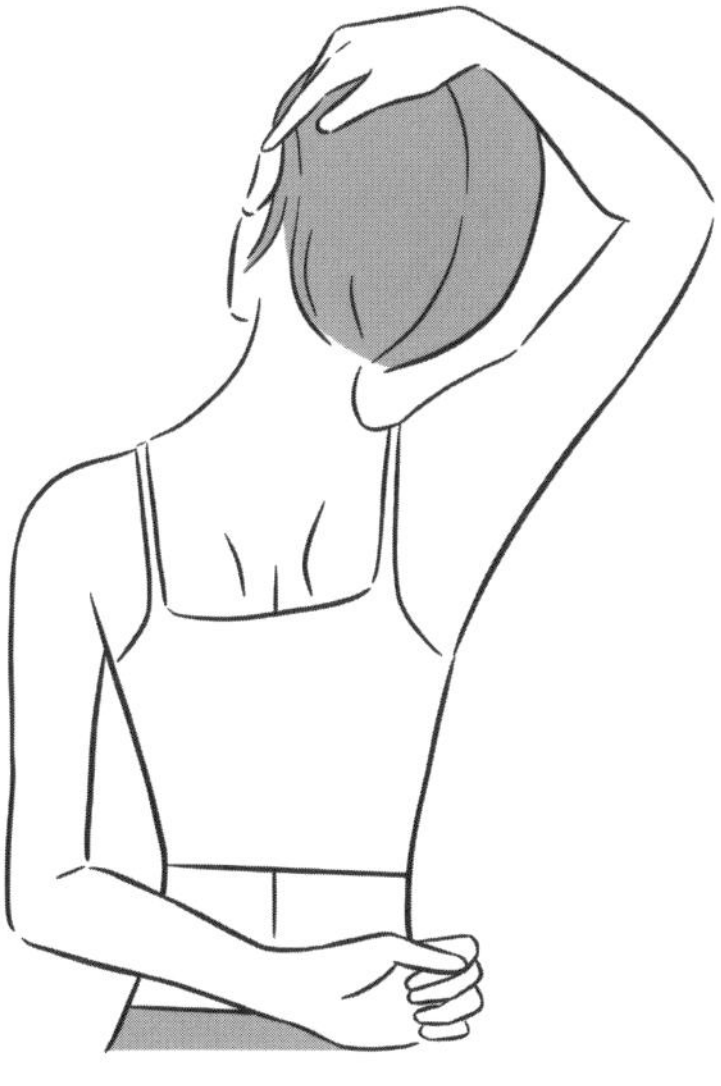

3 ゆっくりと頭を右側に倒し、首筋を伸ばす。息は止めずに自然な呼吸で。30秒キープしたあと、ゆっくりと頭の位置を元に戻す。

>>> 反対側も同様に行う。

所用時間 1分（左右30秒ずつ）

3 首ストレッチ（斜め後ろ）

目指せうなじ美人！
背筋はまっすぐ伸ばすのがポイント。

ここに効く！

▶ 僧帽筋

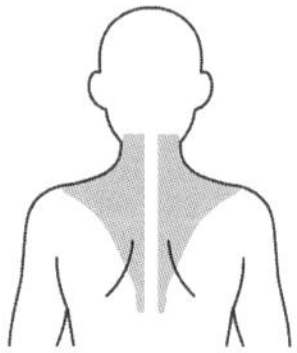

1

楽な姿勢で座り、手は自然に膝の上に置く。

2

30秒間、顔を左下に向け、右側の首筋を伸ばす。呼吸を止めないように注意。ゆっくりと頭を元の位置に戻す。

>>> 反対側も同様に行う。

NG

×

上半身ごと
倒さないように注意！

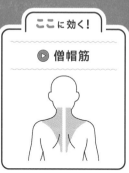

所用時間 1分（左右30秒ずつ）

4 首ストレッチ（斜め前）

首をながーく。デコルテの美に貢献。

ここに効く！

▶ 胸鎖乳突筋

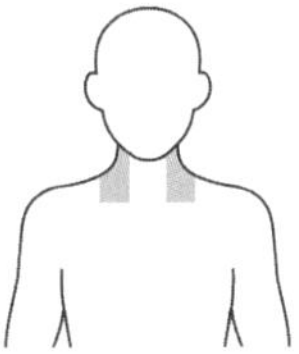

1

楽な姿勢で座り、両手を胸の前で交差させて肩に置く。頭をゆっくりと左に倒す。

2

そのまま頭を左後ろに引っ張るように倒し、首前の筋肉を伸ばす。呼吸を止めないようにしながら30秒キープ。ゆっくりと頭を元の位置に戻す。

>>> 反対側も同様に行う。

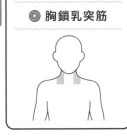

所用時間 30秒

5 キャット&ドッグ

お腹と背中の筋肉を意識しながら、ゆっくりと。
にゃんこ&わんこになりきって背中やせ!

ここに効く!

脊柱起立筋・腹直筋

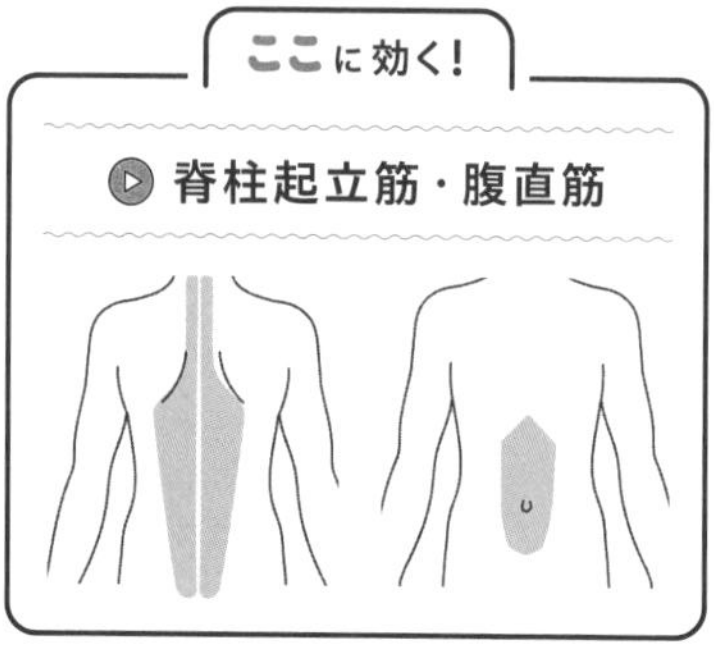

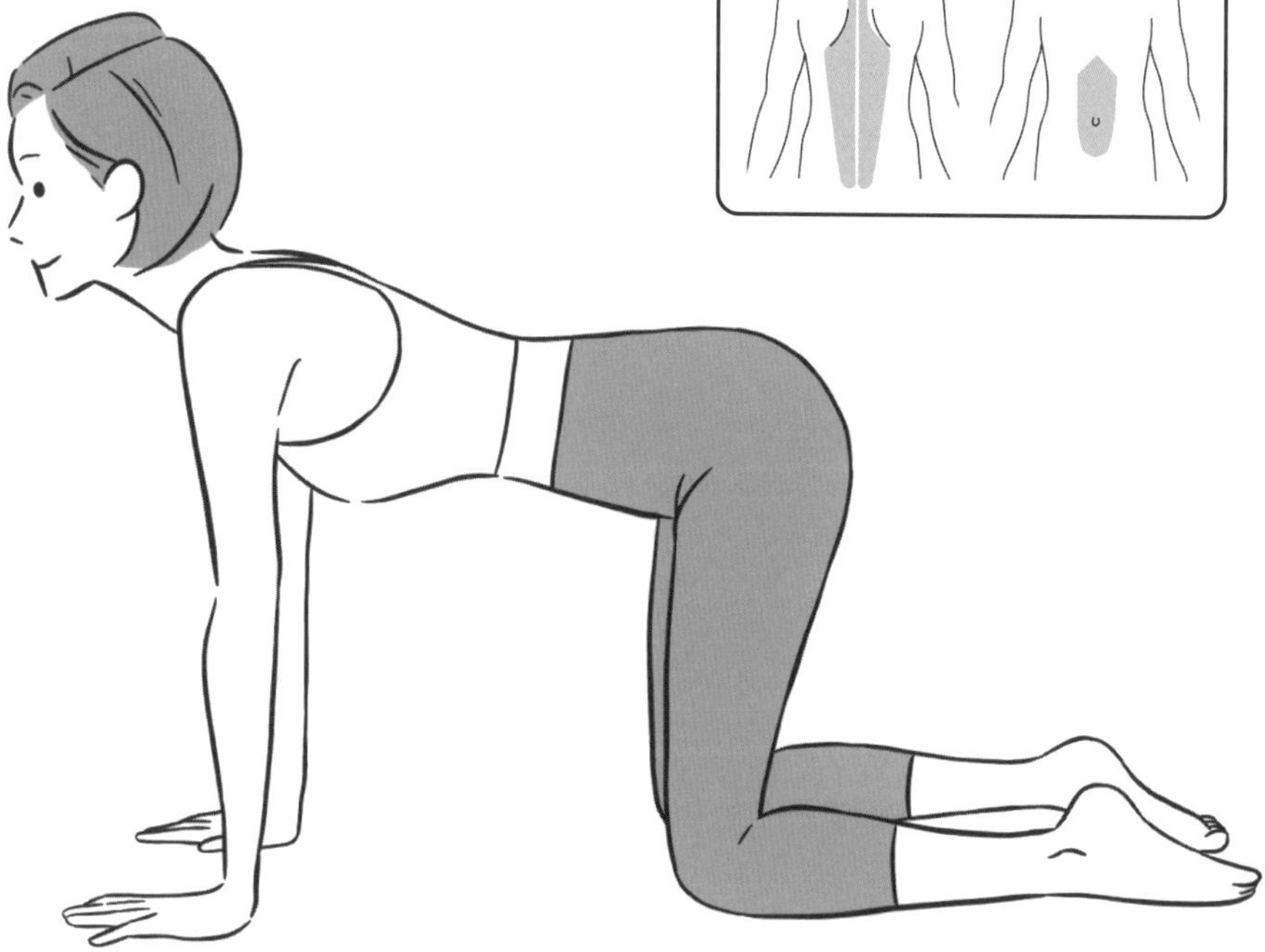

1

四つん這いになり、腕は肩幅くらい、
膝は腰幅くらいの間隔をあける。

2

お腹を引っ込めながら背中を丸める。
顔はおへそをのぞきこむイメージ。

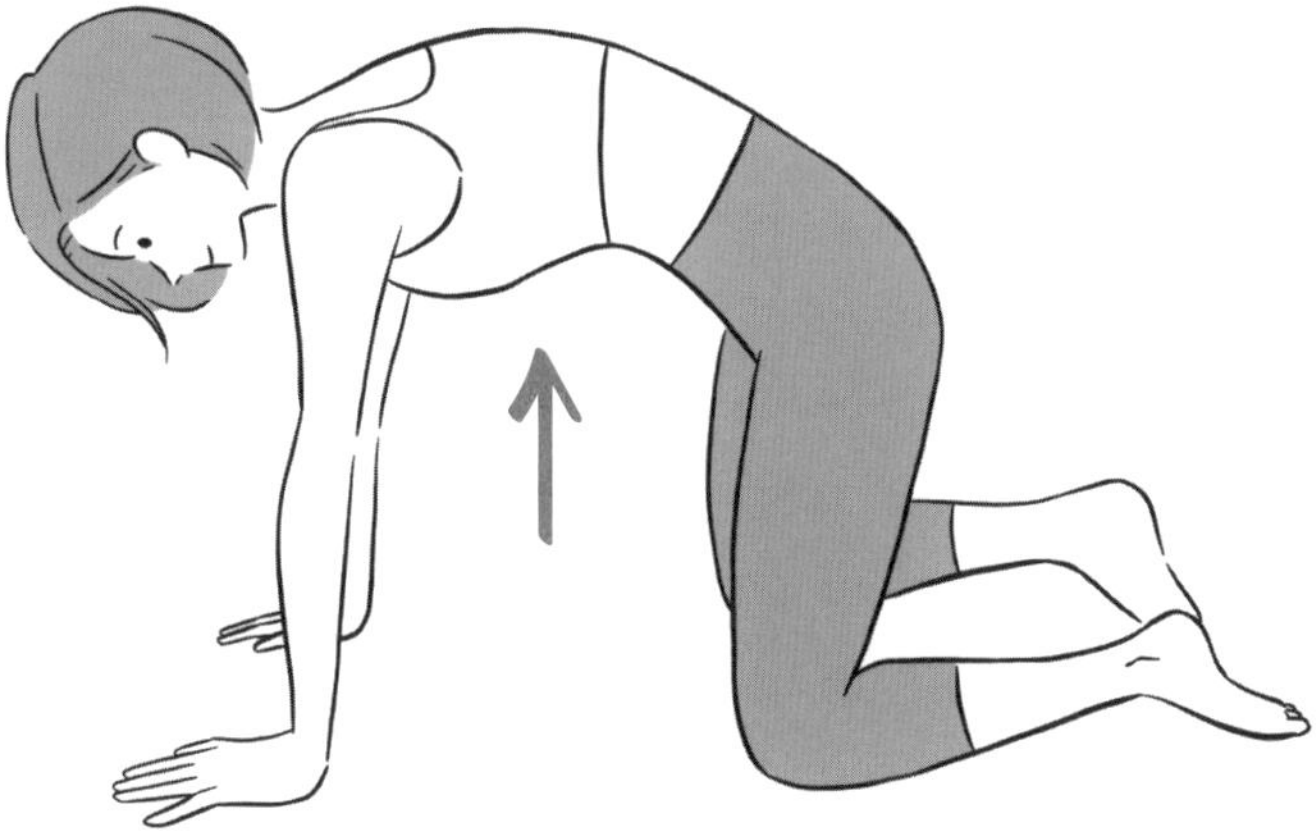

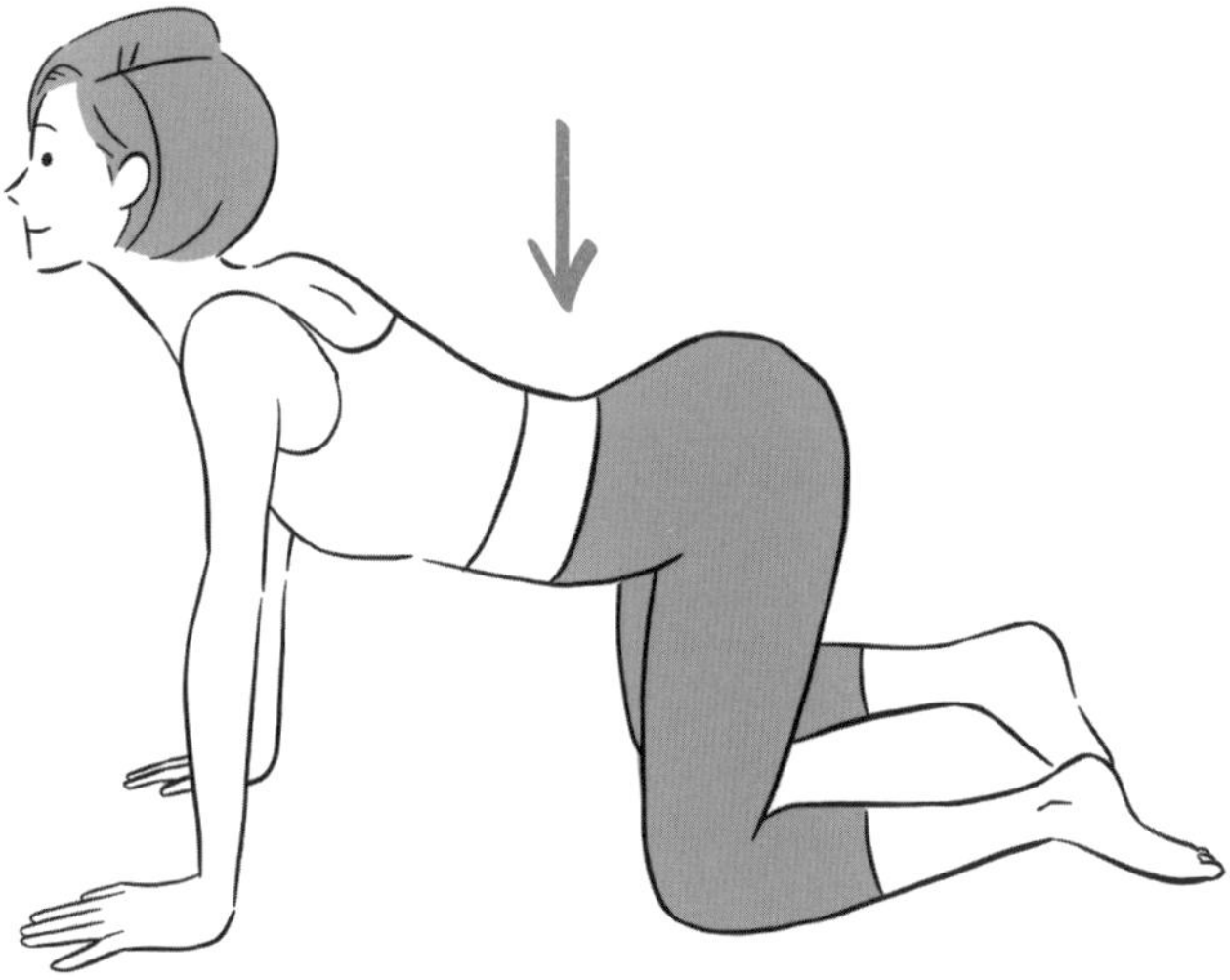

3

お腹をさげ、頭とお尻をあげて背中をぐっと反らして伸ばす。30秒間、丸めたり、伸ばしたりをゆっくりと繰り返す。

所用時間 30秒

6 手首ストレッチ

カチコチ肩甲骨の原因のひとつは手首！
ノーマークの部位をしっかり伸ばします。

ここに効く！

前腕屈筋群

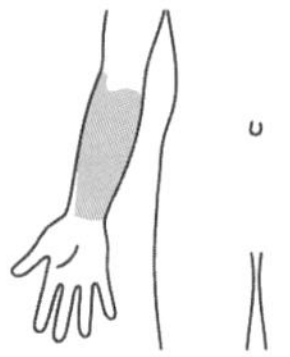

1

足をあぐらに組んで座り、指先が体の方を向くようにして手のひらを床にぺったりつける。

2

腕は曲げずに、腕の前側の筋肉をしっかりと伸ばす。そのまま30秒間キープ。できるようだったら、手のひらを自分の体に近づける（時々上半身を揺らして、刺激してもOK！）

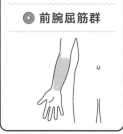

所用時間 1分（左右30秒ずつ）

7 脇腹伸ばし

姿勢リセットに効果的。ふらつかないように、
しっかりキープできる幅で立つのがポイント。

ここに効く！

広背筋

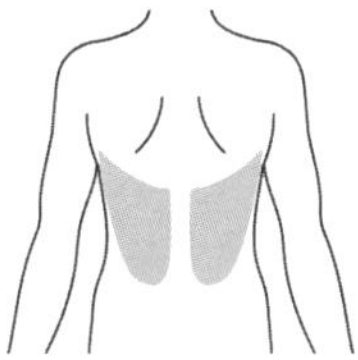

1

足は肩幅くらいにあけて立ち、片方の手を腰にあて、もう片方の手を上に。指先を天井に向ける。

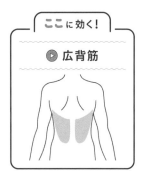

2

足が地面から離れないようにしながら、あげた手の反対側に上半身を倒す。背中を丸めたり、腰をそらしたりしないように注意。30秒間キープしたらゆっくり体を元に戻す。

>>> **反対側も同様に行う。**

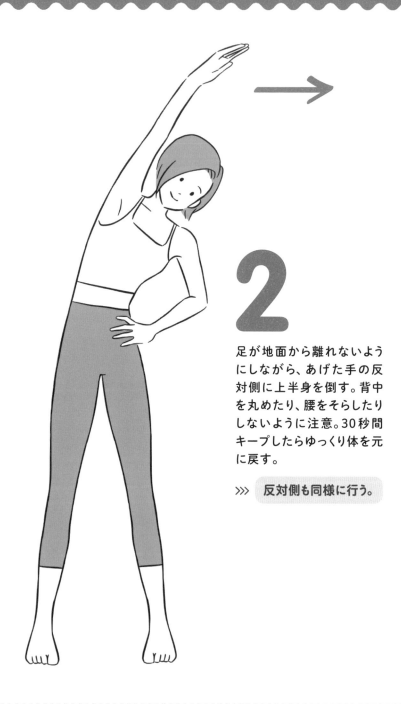

8 体ひねりストレッチ

所用時間 1分（左右30秒ずつ）

女性らしいしなやかなボディをつくるならコレを極めて!

ここに効く!

広背筋

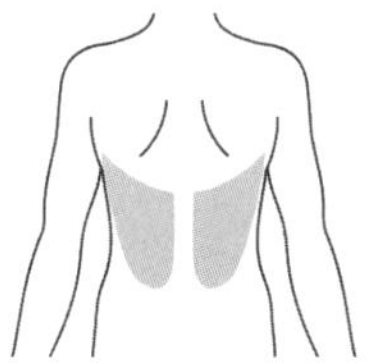

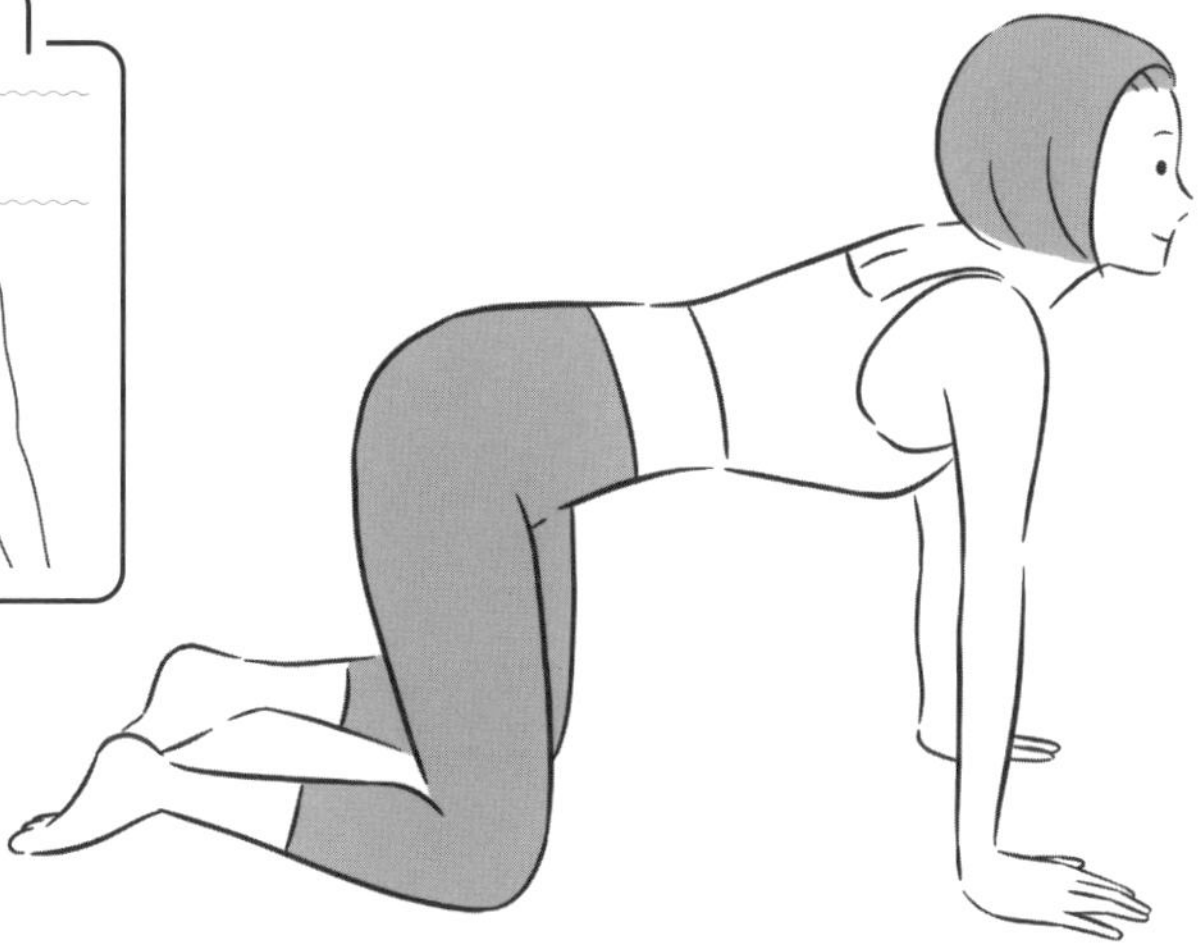

1

四つん這いになり、腕は肩幅くらい、
膝は腰幅くらいの間隔をあける。

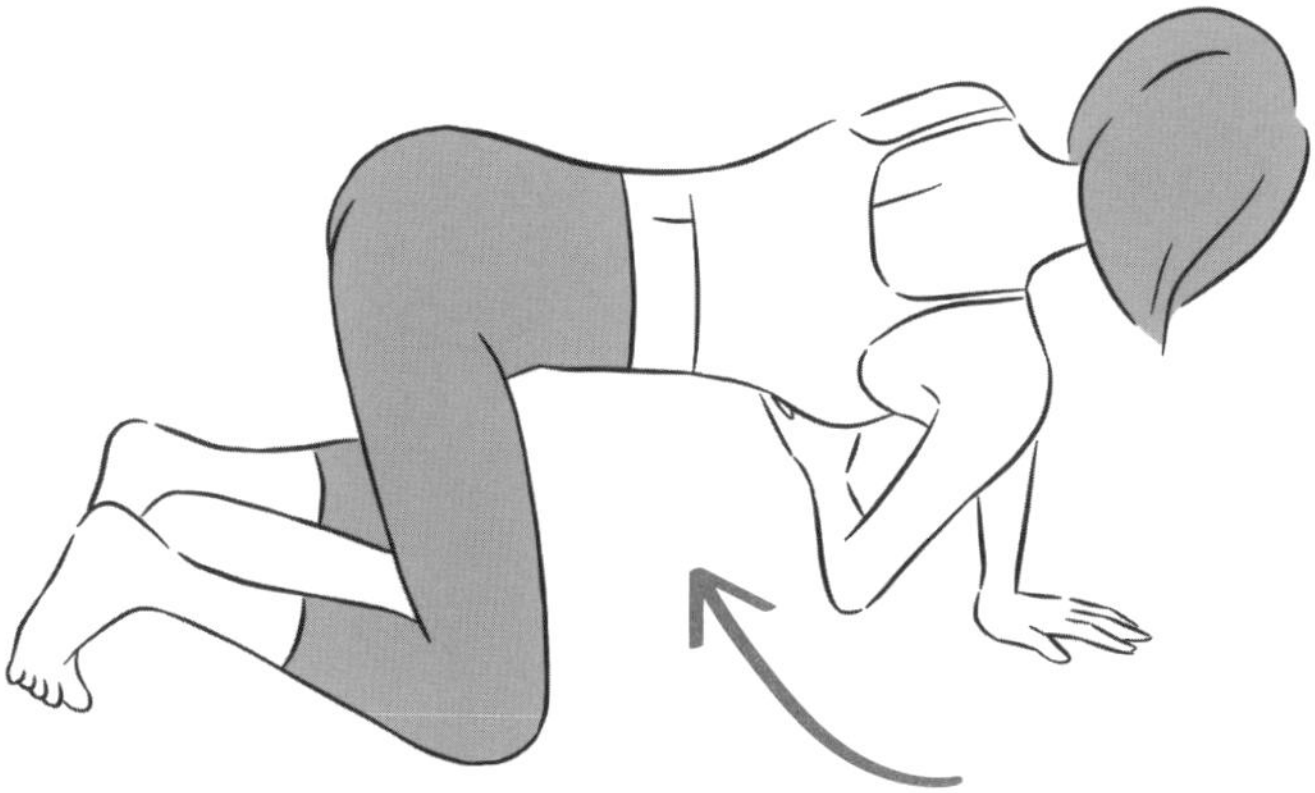

2

右手を体の下に
くぐらせて左に
伸ばし、上半身
を左にひねる。

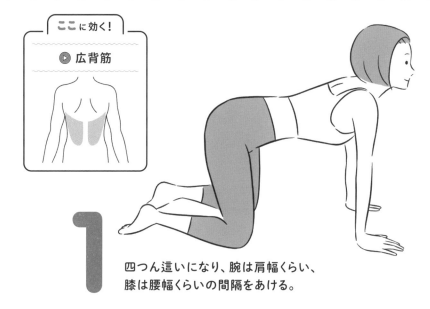

3

右手を右側に戻したらまっすぐ上にあげ、胸を大きく開いて伸ばす。30秒間、くぐらせたり、上に伸ばしたりを繰り返す。

>>> **反対側も同様に行う。**

NG

×

手はまっすぐ上に。
後ろにいかないように。

STEP 3

トレーニング

ちょっと頑張れる日はやってみよう！

所用時間 30秒

1 胸開きエクササイズ

脱・巻き肩！
丸まった肩を広げましょう！

ここに効く！

大胸筋

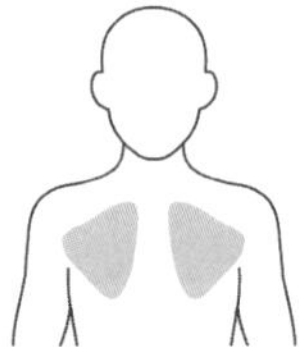

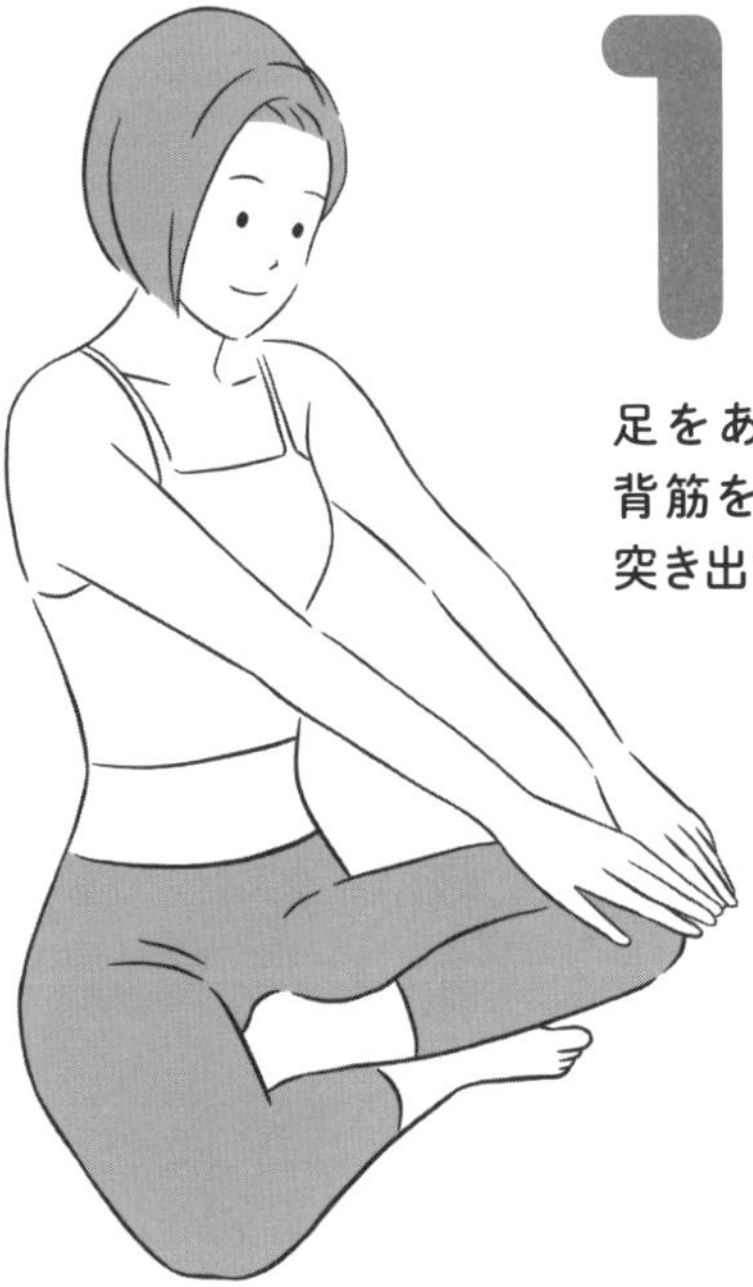

1

足をあぐらに組んで座り、背筋を伸ばし、両手を前に突き出す。手のひらは下に。

2

手のひらを外に向けながら、両手を斜め後ろに回し、胸を開く。1に戻って閉じたり開いたりを30 秒間繰り返す。

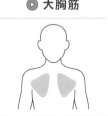

所用時間 1分（左右30秒ずつ）

2 横脇のびのびストレッチ

脇腹と肩甲骨をぐーっと伸ばしましょう。
体が前に倒れないように注意して。

ここに効く！

▶ 広背筋

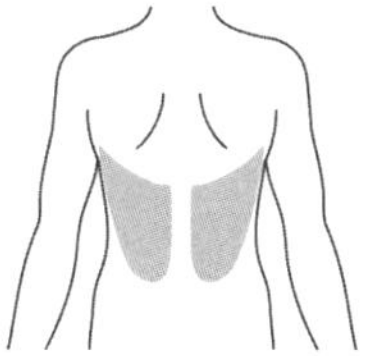

1

足をあぐらに組んで座り、左手はさげ、右手は体の横で軽く曲げる。

2

左手を床につけ、右手を大きく左側に引っ張るように伸ばす。また1に戻って30秒間繰り返す。

>>> 反対側も同様に行う。

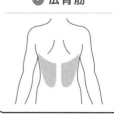

所用時間 1分（左右30秒ずつ）

3 交互 胸開きエクササイズ

内側に丸まった体を開きます。体の中心は常にまっすぐが基本!

ここに効く!

▶ 大円筋

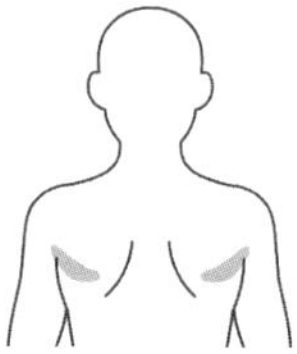

1

足をあぐらに組んで座り、左手を背中に回して右手の肘をつかむ。右手は肘を90度に曲げ、手のひらを上に向ける。

2

手のひらを上に向けたまま、上半身をひねって右手を体の前・後ろに回転させる。30秒間繰り返す。

>>> 反対側も同様に行う。

4 背中引き寄せエクササイズ

所用時間 30秒

背中にがっつりアプローチ!

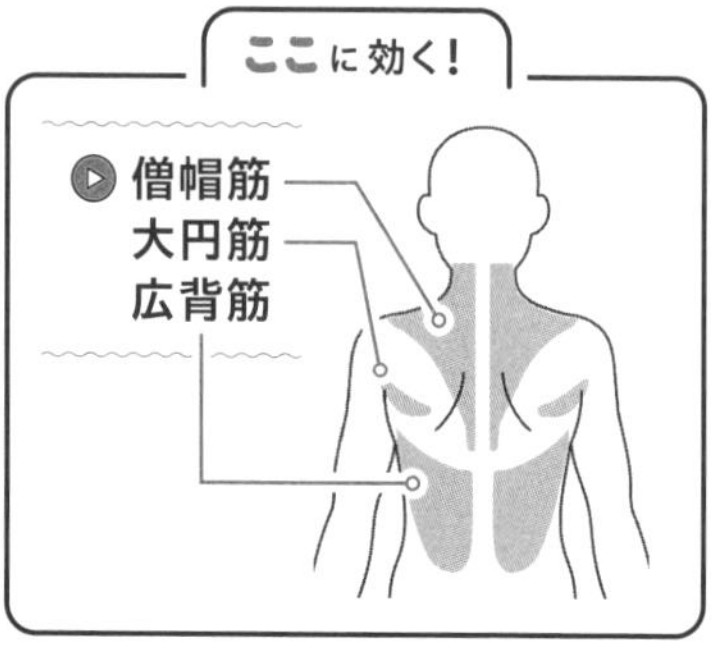

1

足をあぐらに組んで座り、
両手をまっすぐ上にあげる。

2 両肘を両脇につけるように両手をおろす。手のひらは上に向ける。また1に戻って上げ下げを30秒間繰り返す。

5 背中肉つぶしエクササイズ

所用時間 30秒

もっと背中にアプローチ！ 背中の余分な肉を締め出しましょう。

ここに効く！

菱形筋

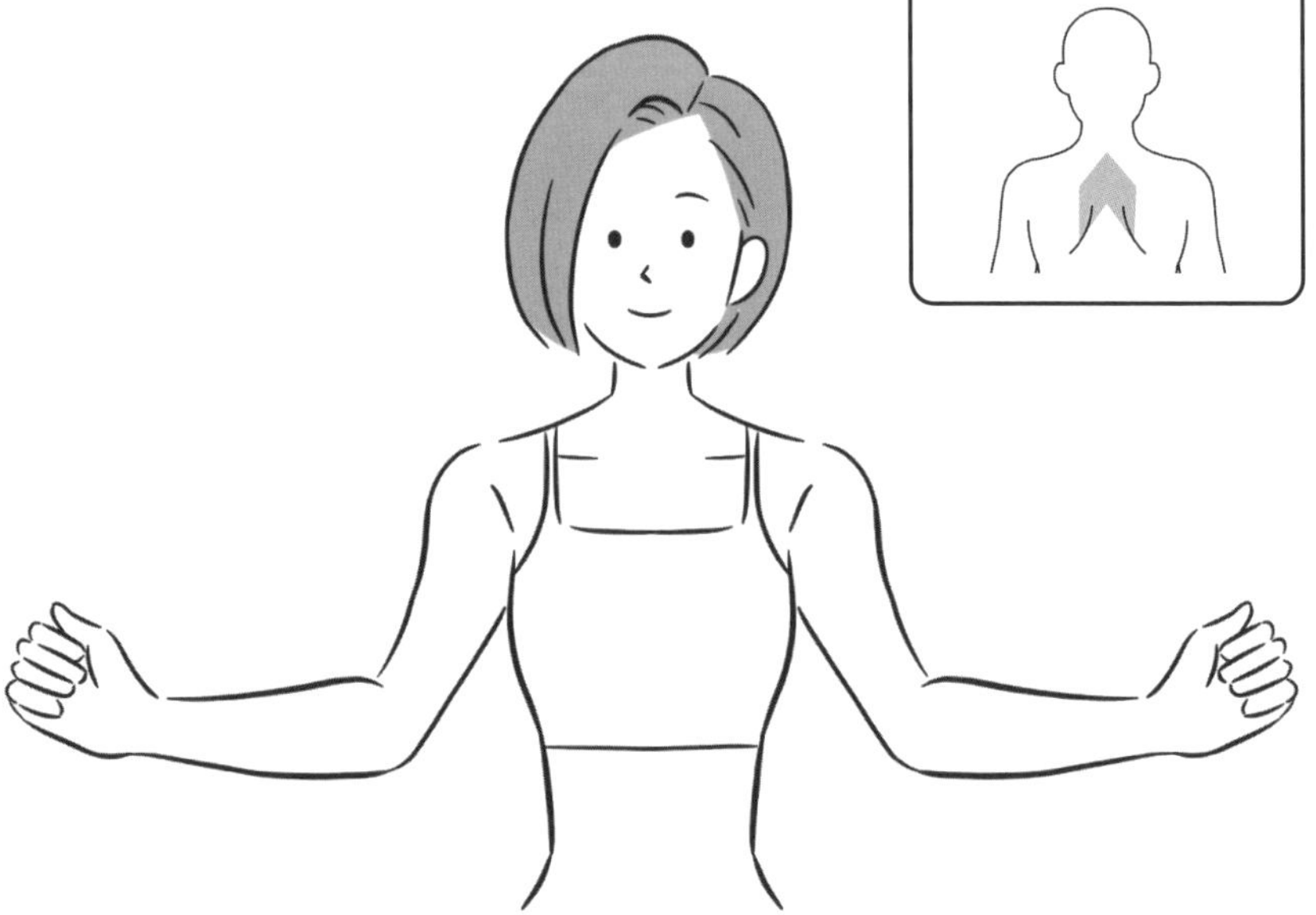

1

背筋を伸ばして胸を開き、肘を90度に曲げ、軽く拳を握って両脇に。耳のラインより肘が拳1個分後ろになるように引く。

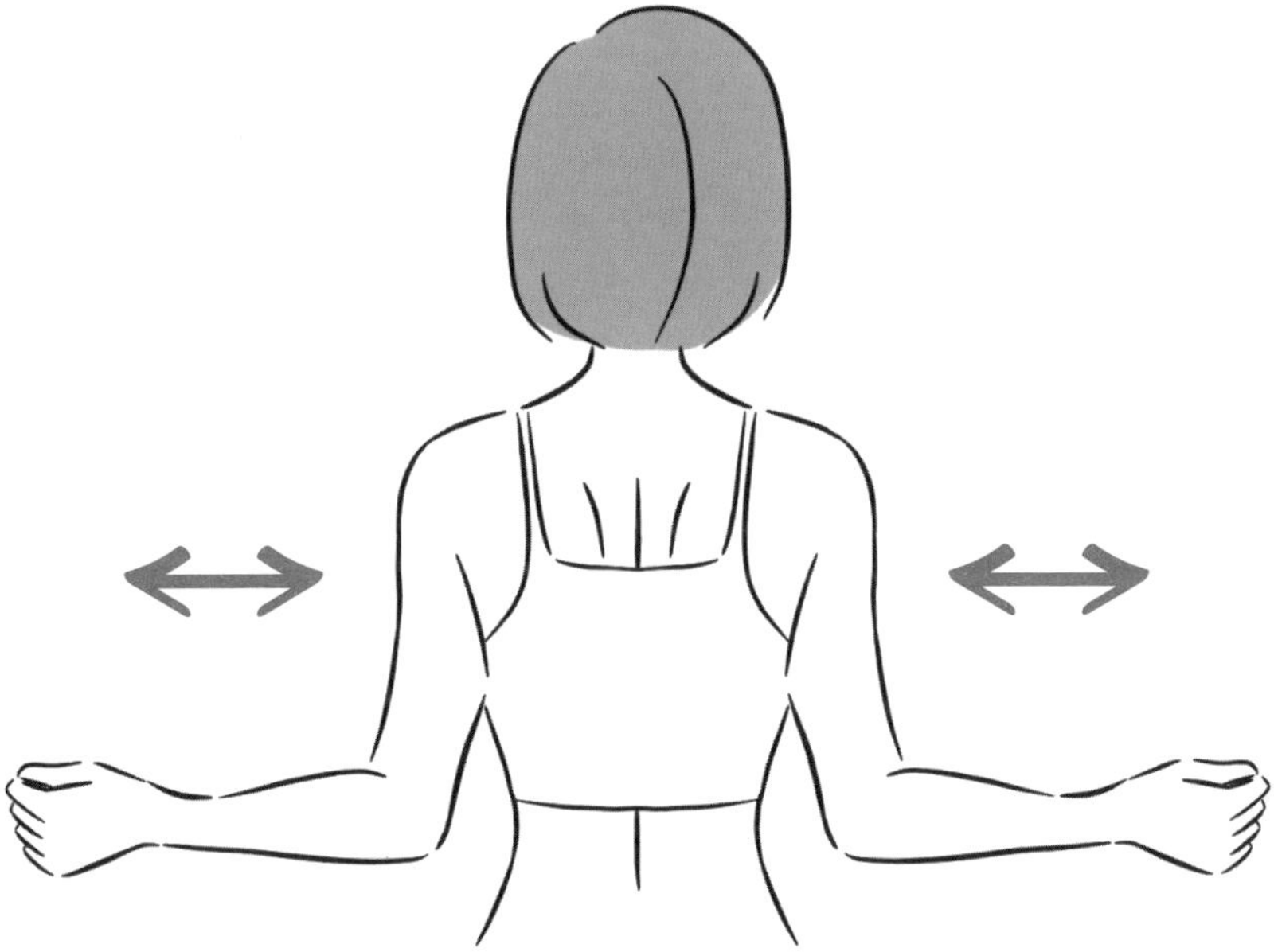

2

肘の角度はキープしたまま、両肘を背中の中央に寄せる↔戻す、をリズミカルに30秒間繰り返す。

6 肘上げエクササイズ

所用時間 30秒

肩のシルエットを美しくしたければ必須！
二の腕とのコントラストで、見た目激変。

ここに効く！

▶ 三角筋

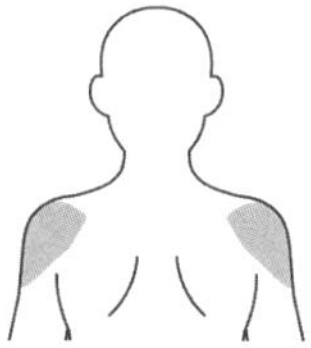

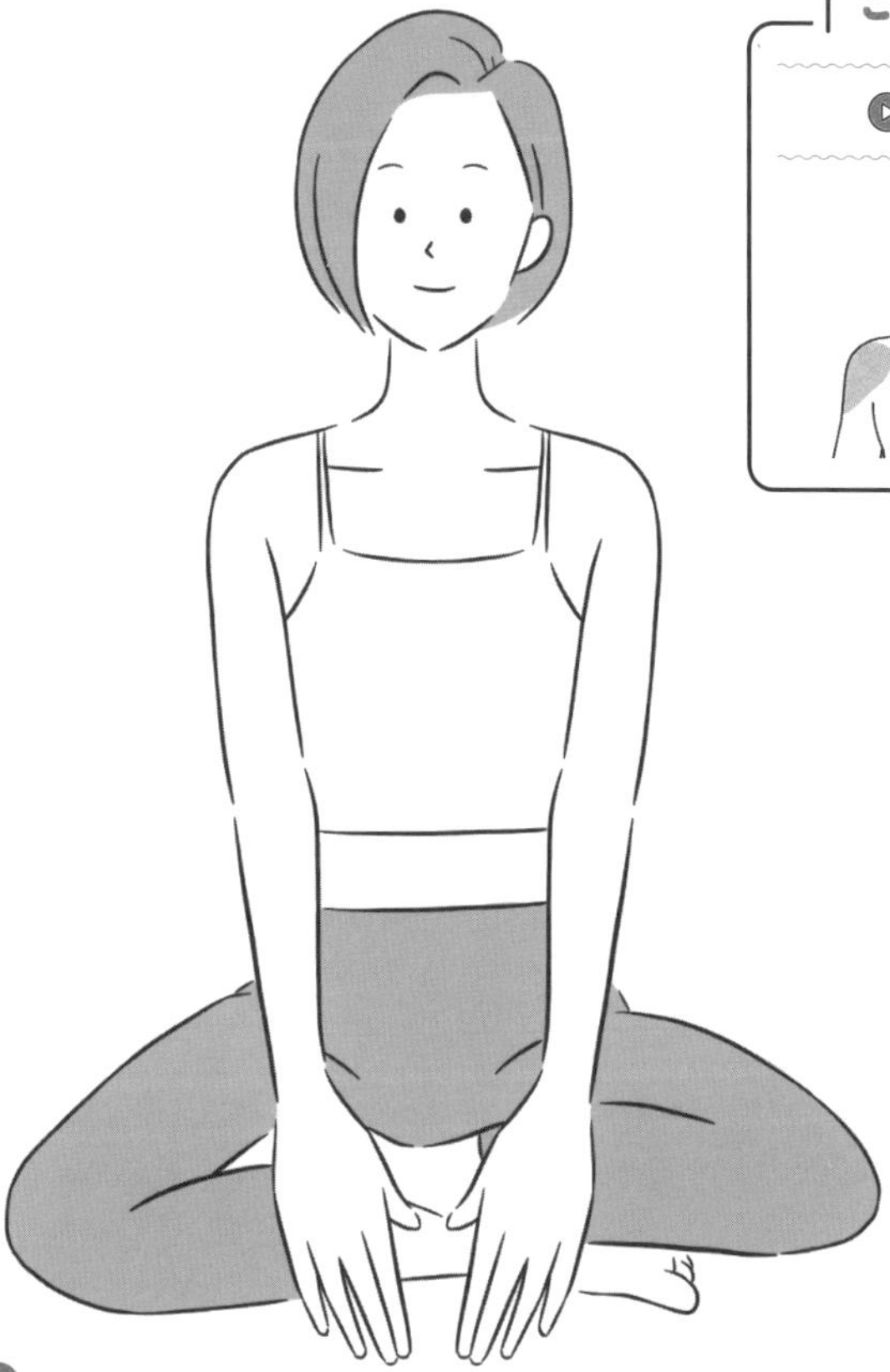

1

足をあぐらに組んで座り、背筋を伸ばし、
両手をまっすぐ下にさげる。

2

肘を斜め上にぐっと突き上げるようにあげる。
30秒間上げ下げをリズミカルに繰り返す。

7 背泳ぎエクササイズ

所用時間 30秒

自分で見えない背中には意外とお肉が…。
憎いはみ肉を撃退！

ここに効く！

棘下筋

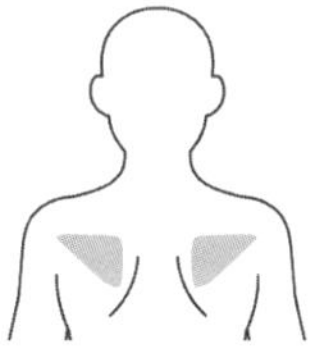

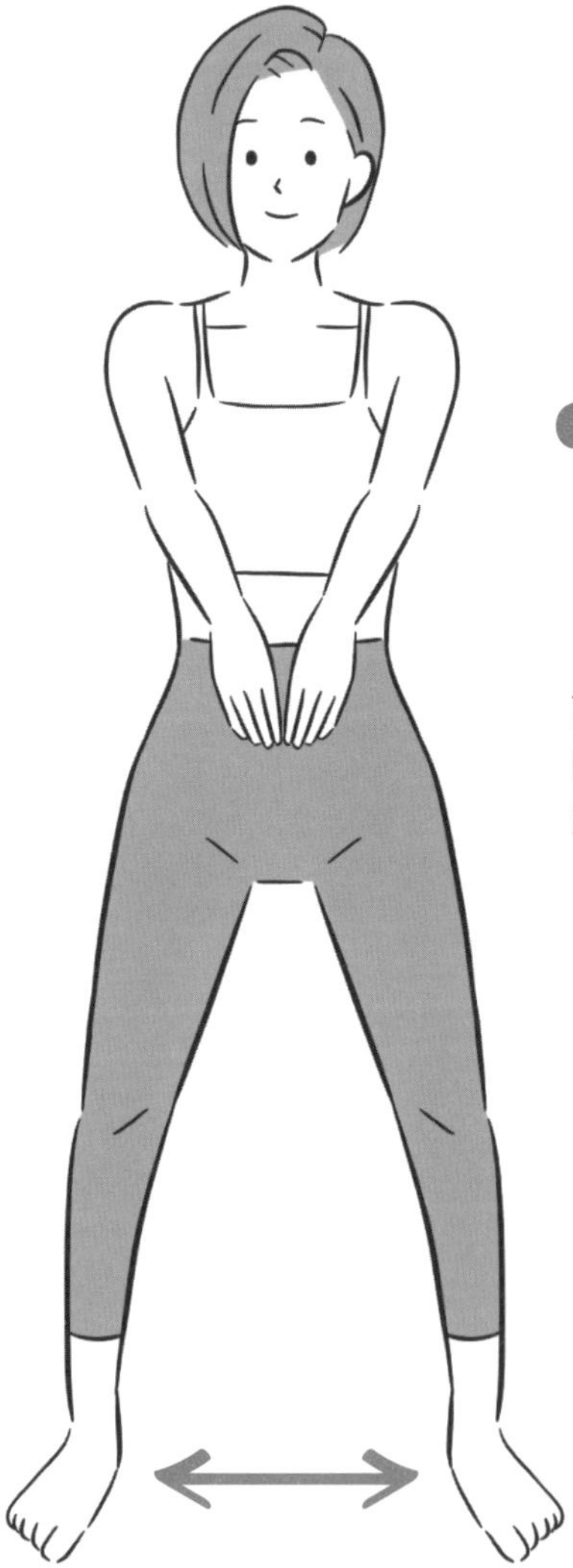

1

両足を肩幅よりもやや広めに開いて立ち、両手を胸の前に突き出す。

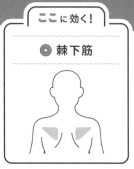

2

左手を前に出したまま、右手をぐるりと後ろに回転させる。肘は曲げずにまっすぐキープ。

3

手が1周したら、今度は右手を前に出したまま、左手をぐるりと回転。30秒間、左右交互に繰り返す。

お悩みレスキュー Q&A vol.6

気になるダイエット中のお悩みを、みお先生に相談！

Q 筋肉痛！ でも、やった方がいいですよね⁉

A 体調が万全でないときはお休みしましょう。

筋肉痛が起きているときや、怪我《けが》などで肩まわりの痛みがあるときはおすすめしません。また、疲労感が強すぎる日は運動よりも休息を優先した方がいいでしょう。

ただ、運動することで筋肉の緊張がほぐれ、楽になるという場合もあるので、そのときの体調次第で選択をしてみてくださいね。

STEP 4

アドバンストトレーニング

もっと体を変えたい！と思ったら挑戦しよう

所用時間 30秒

1 肩甲骨エクササイズ

「肩は丸めない」「お腹は引っ込める」を意識して。
リズミカルに繰り返しましょう！

ここに効く！

菱形筋

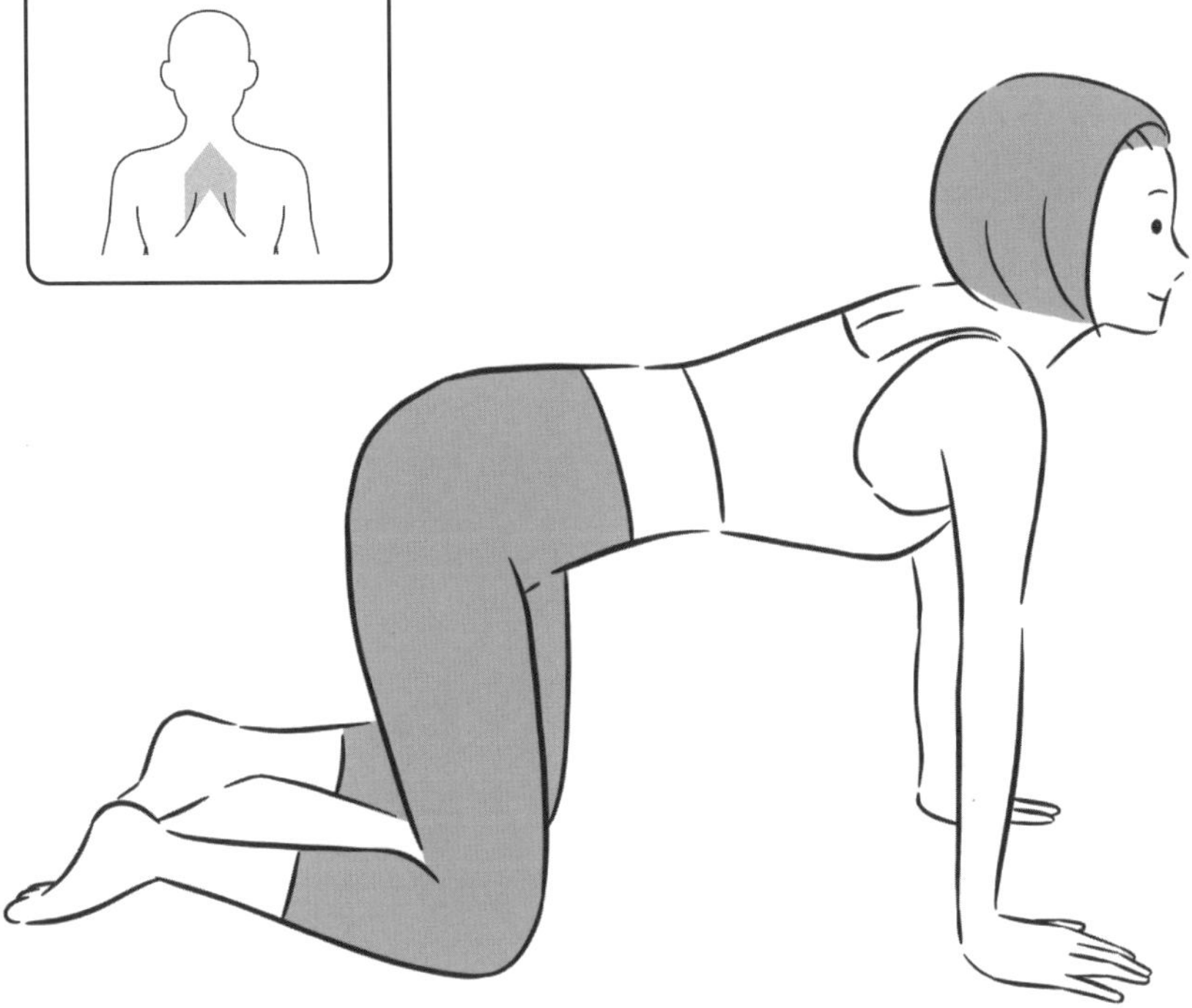

1 四つん這いになり、腕は肩幅くらい、
膝は腰幅くらいの間隔をあける。

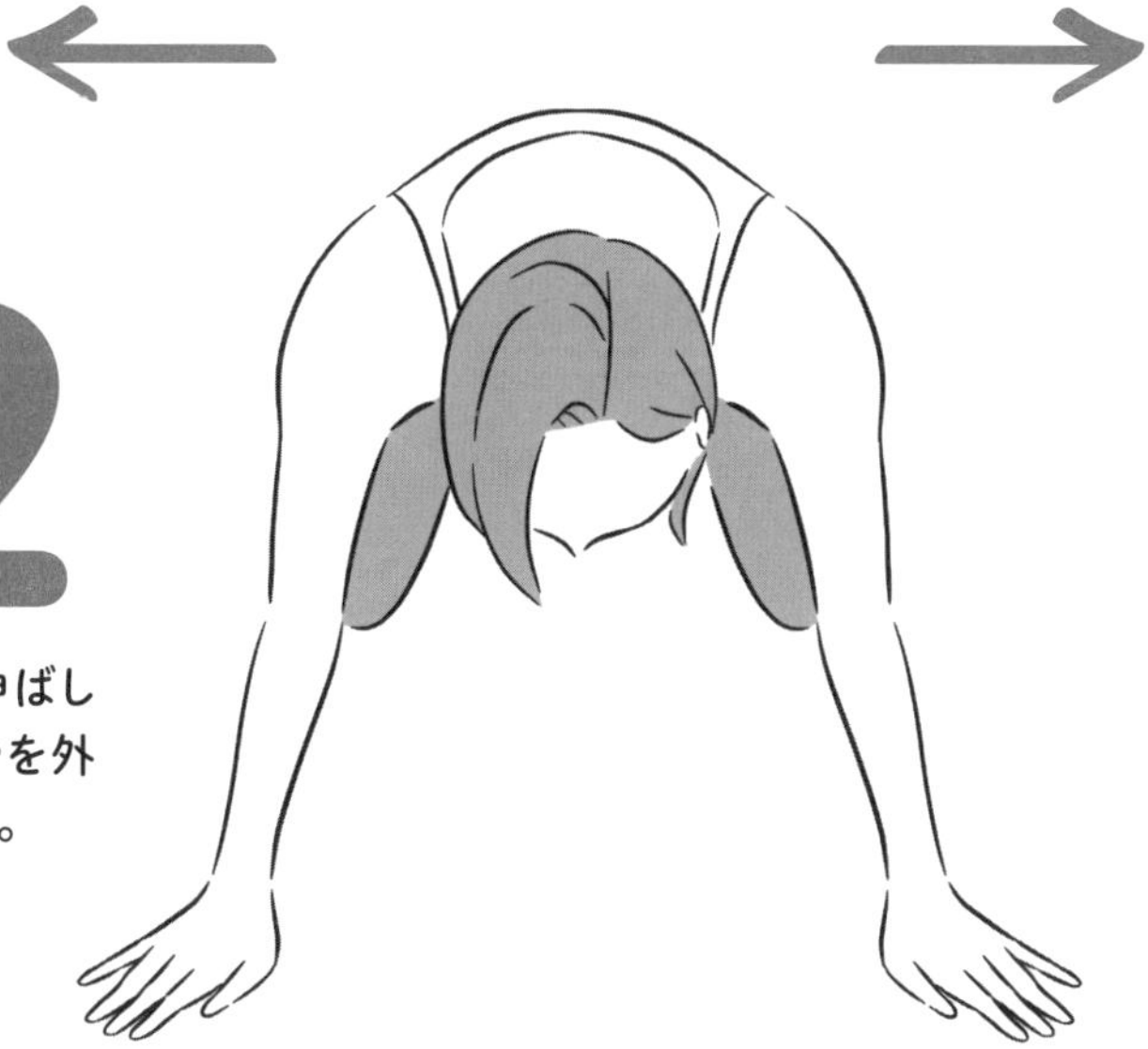

2

肘はまっすぐ伸ばしたまま、肩甲骨を外側へ大きく開く。

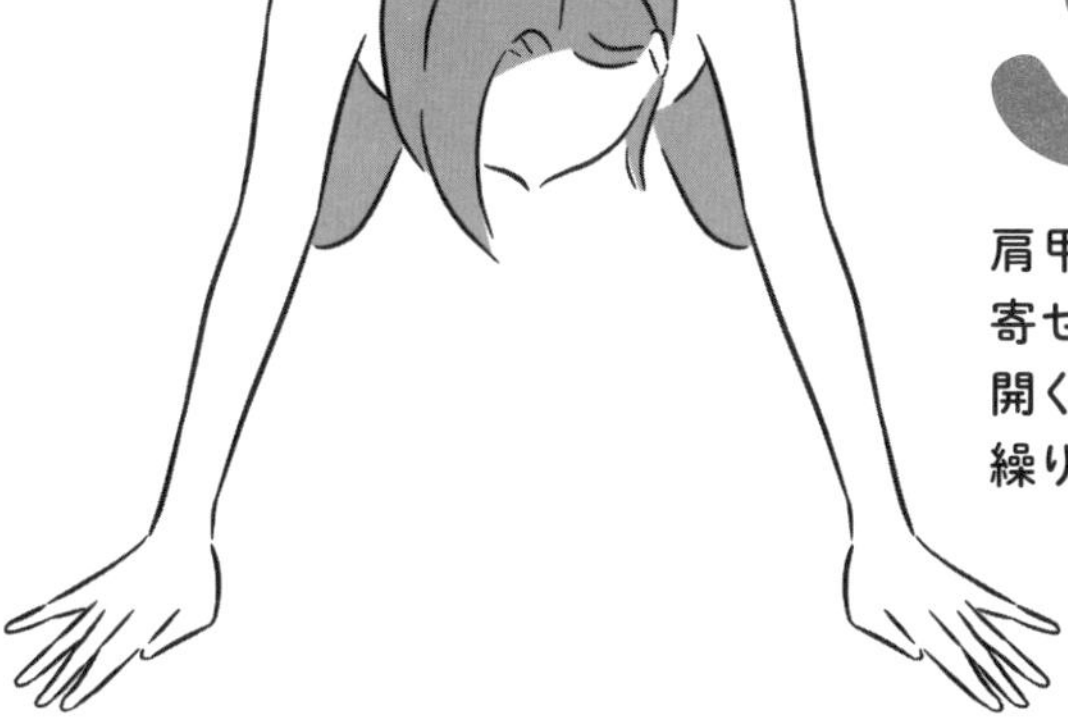

3

肩甲骨同士をぐっと引き寄せる。また**2**に戻って、開く⟷寄せるを30秒間繰り返す。

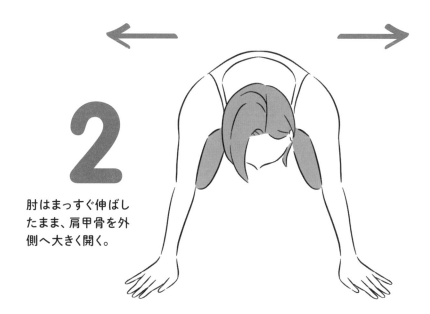

所用時間 30秒

2 滑り台ストレッチ

横から見ると滑り台。
両脇の筋肉を気持ちよく伸ばして！

ここに効く！

広背筋・腹直筋

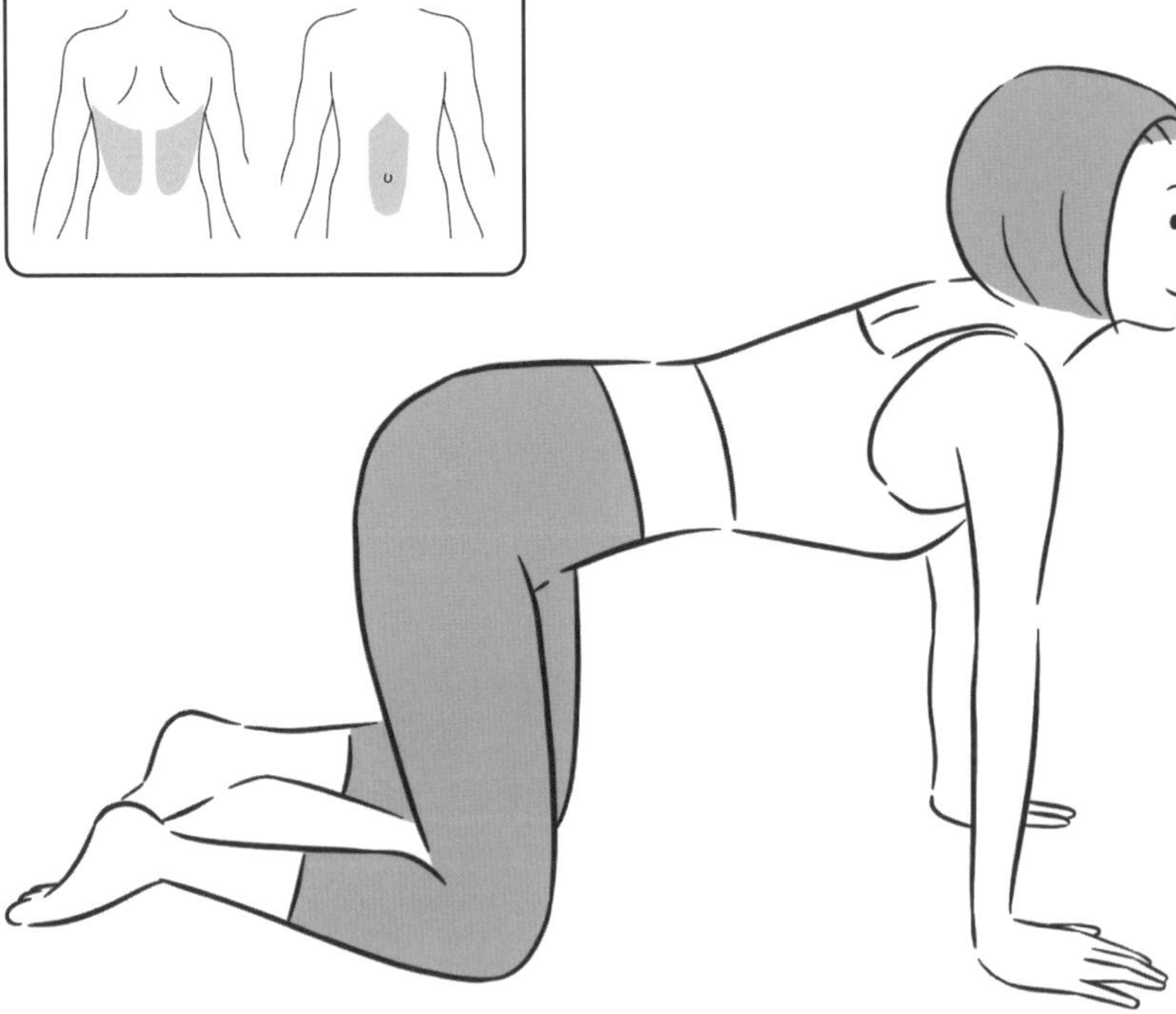

1

四つん這いになり、腕は肩幅くらい、
膝は腰幅くらいの間隔をあける。

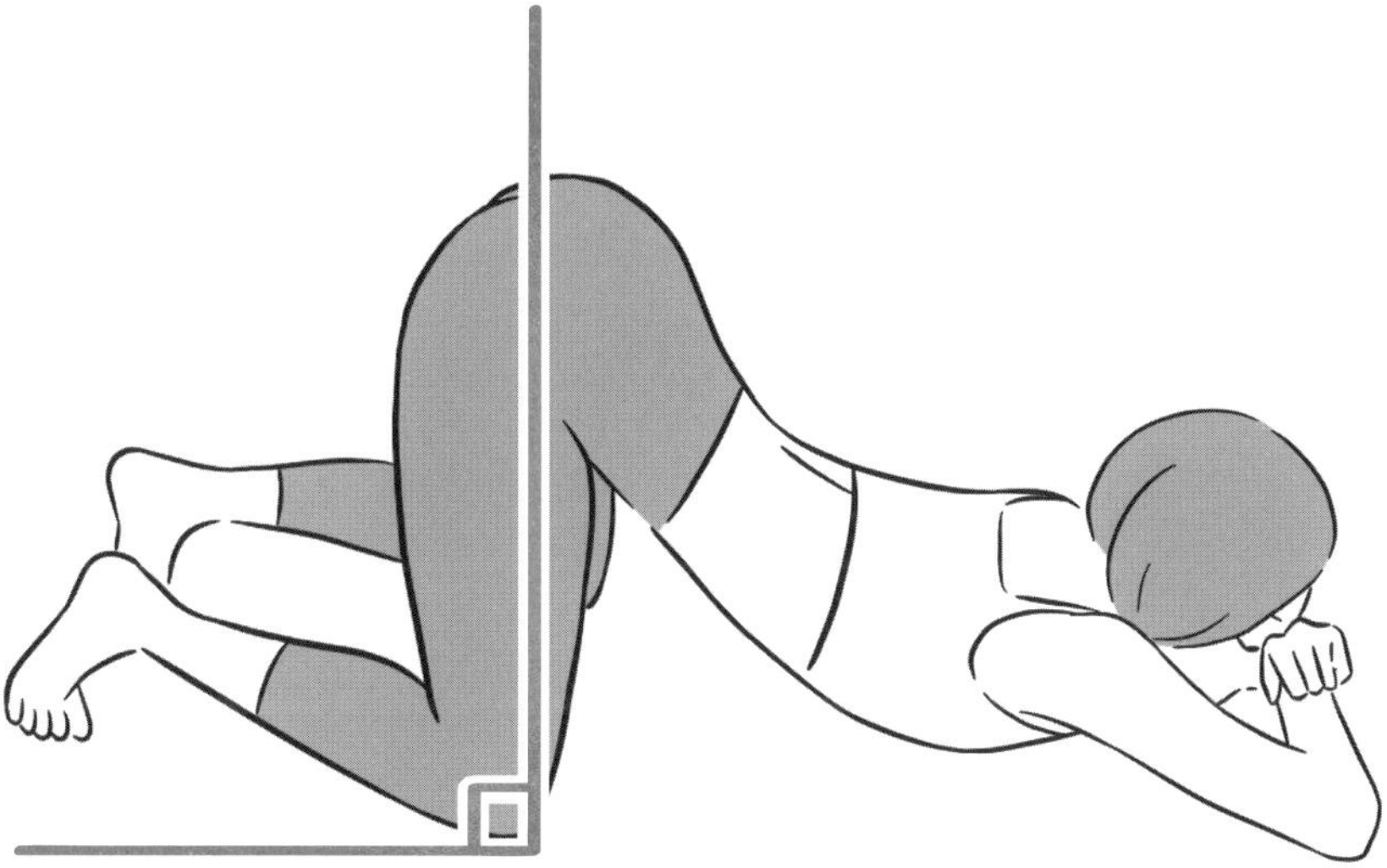

2

お尻を膝に対して直角になるようにつきあげ、上半身はぺたんと床に。両肘を前に出して組み、頭をのせる。そのまま30秒間キープ。

所用時間 30秒

3 くるくる背中寄せ

巻き肩やカチコチ肩甲骨に効果大!

ここに効く!

棘下筋

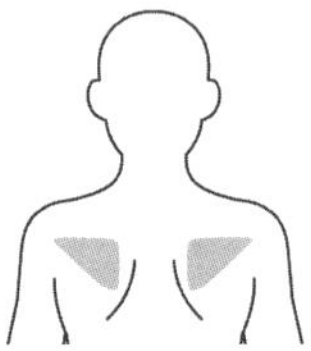

1

足をあぐらに組んで座り、背筋を伸ばし、肘を軽く曲げて両手をあげる。手のひらはパーに開いて前に向ける。

2 体の真横で、手のひらは前に向けたまま円を描くように大きく回転させる。手のひらが下に来たときは両肘を背中に寄せるイメージでしっかり引く。30秒間、繰り返す。

所用時間 30秒

4 フロントレイズ

操り人形みたいに、肘を天井から糸で吊られているイメージで。肩こり予防にも◎

ここに効く！

三角筋（前部）

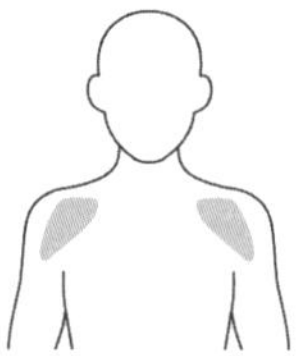

1

足をあぐらに組んで座り、両手をおろし、肘を軽く曲げる。

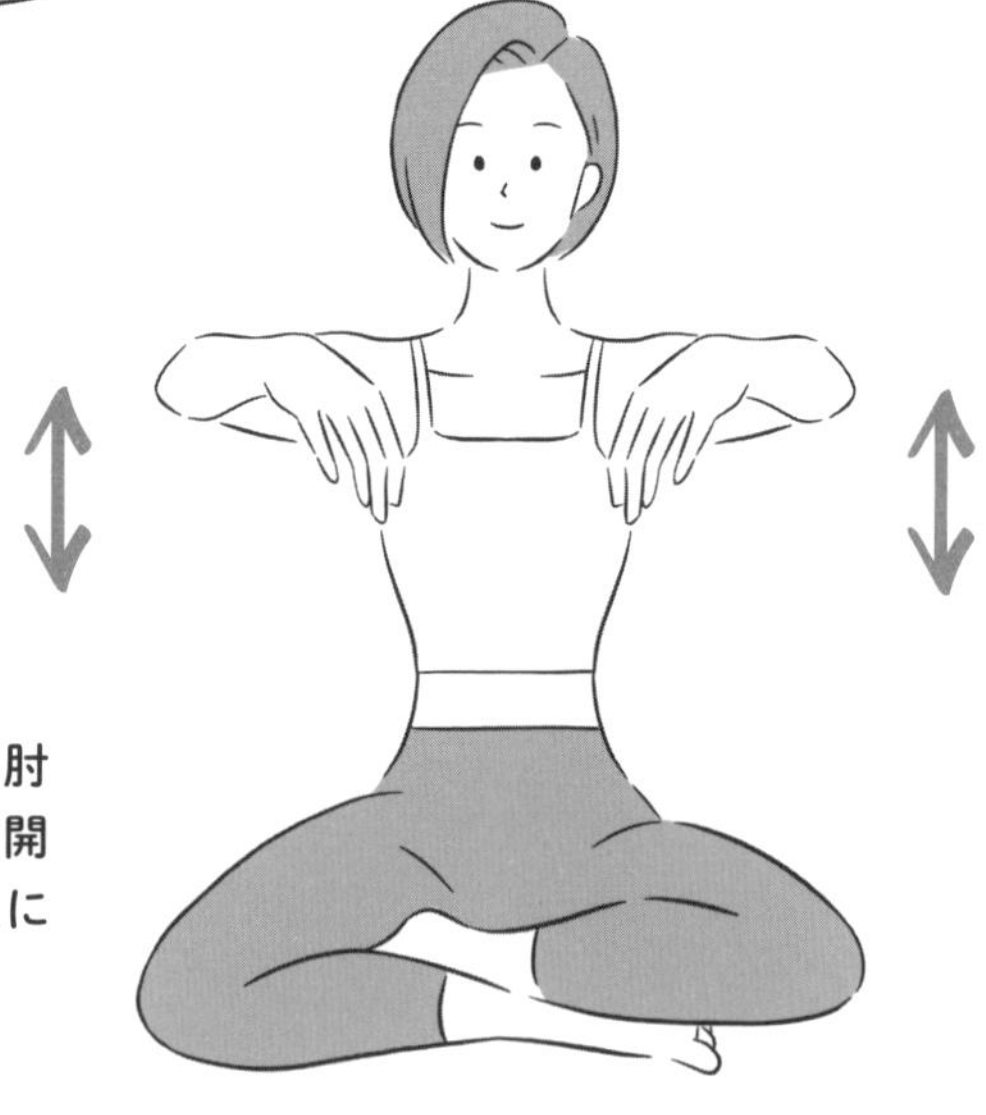

2

腕の力を抜き、30秒間、肘を上げ下げする。脇は軽く開いて、肘は肩の高さより上にあげないように注意。

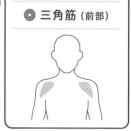

5 サイドレイズ

所用時間 30秒

なで肩改善に効果あり!

ここに効く!

三角筋（中部）

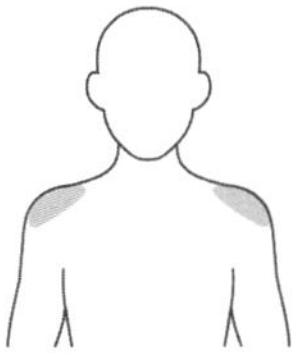

1 足をあぐらに組んで座り、脇を軽く開いて両手をおろす。

2 肩の力を抜き、肘と小指を持ち上げるイメージで、30秒間、両腕を上げ下げする。肩の高さより上にあげないように注意。

所用時間 30秒

6 腕回し

リズミカルにくるくる回しましょう！ 力を抜いて
リラックスしながらやるのがコツ。

ここに効く！

三角筋

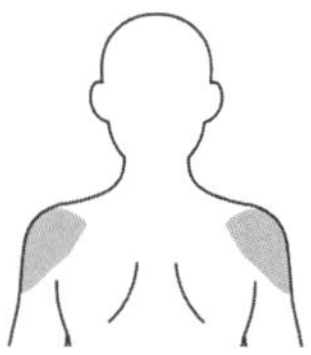

1 足をあぐらに組んで座り、肘を伸ばして
両手を肩の高さにあげる。

2

30秒間、肩の延長線上を中心にして
円を描くように、腕を回す。

7 ロボットダンス

所用時間 30秒

ロボットみたいな動きで
肩まわりにアプローチ！

ここに効く！

ローテーターカフ

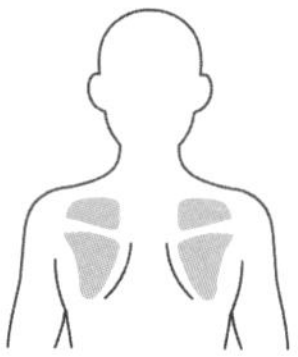

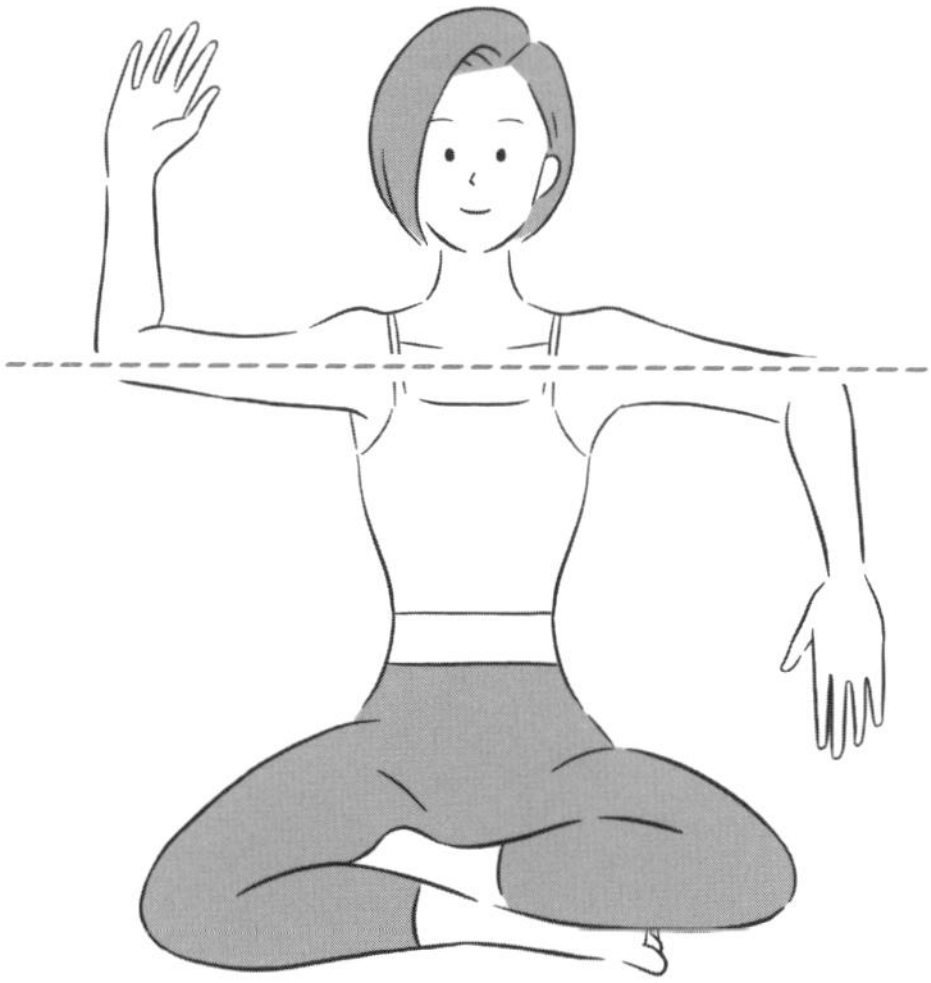

1 両腕を肩まであげ、肘を直角にして右手をあげ、左手をさげる。

2 腕の位置はそのままで、右手をさげ、左手をあげる。30秒間、これを交互に繰り返す。

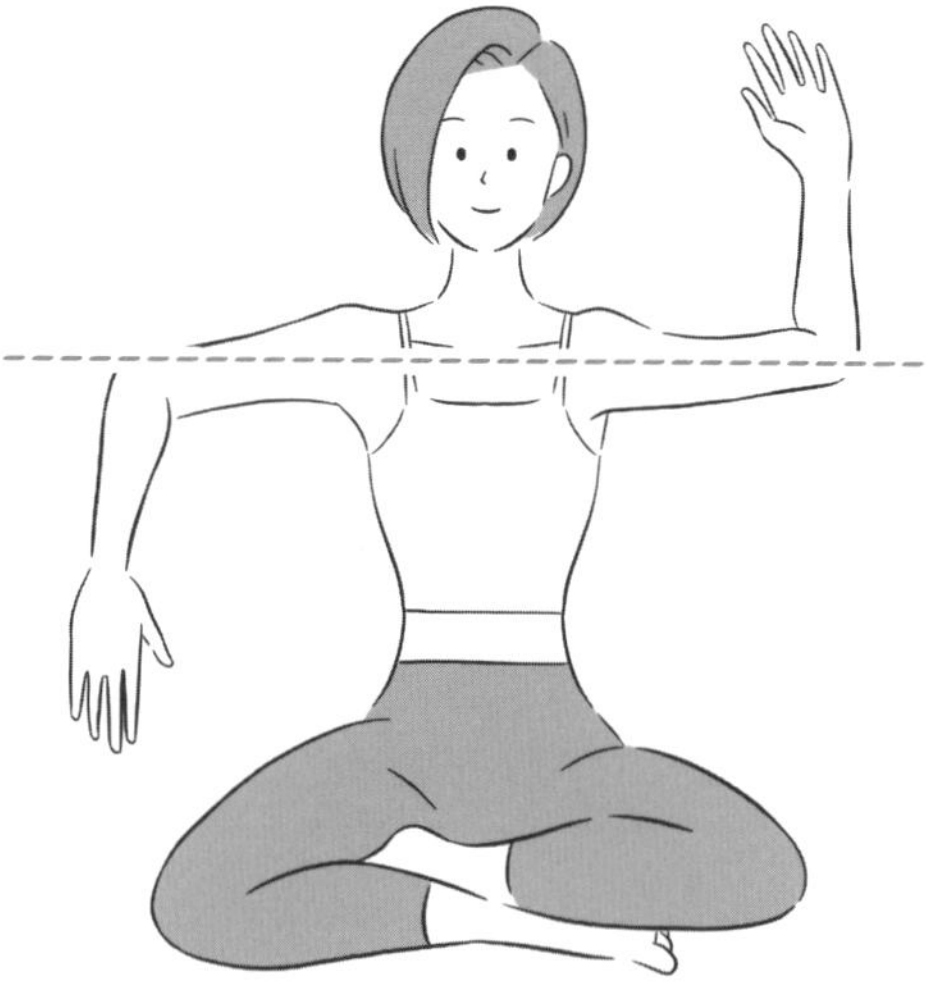

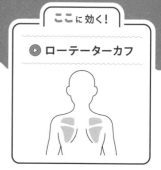

所用時間 30秒

8 腕ひねり

憧れのスッキリ二の腕に
近づこう!

ここに効く!

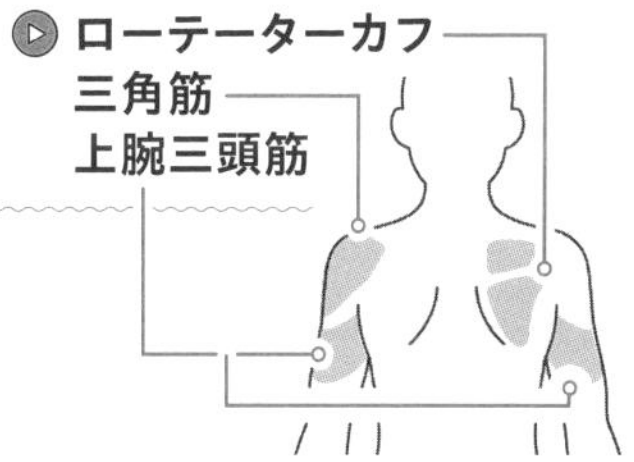

1 足をあぐらに組んで座り、肘を曲げずにまっすぐ両腕を肩の高さまであげる。手のひらは下に向ける。

2 腕の高さはそのままで、手首を回転させて手のひらを上に向ける。30秒間、これをリズミカルに繰り返す。

所用時間 30秒

9 V字ばんざい

大きく伸び上がると、むっちり背中と胸のはみ肉に効果絶大！

ここに効く！

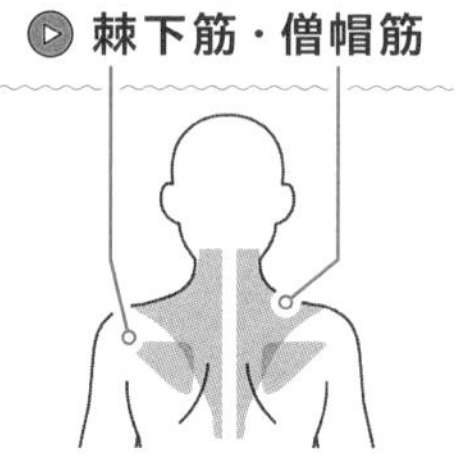

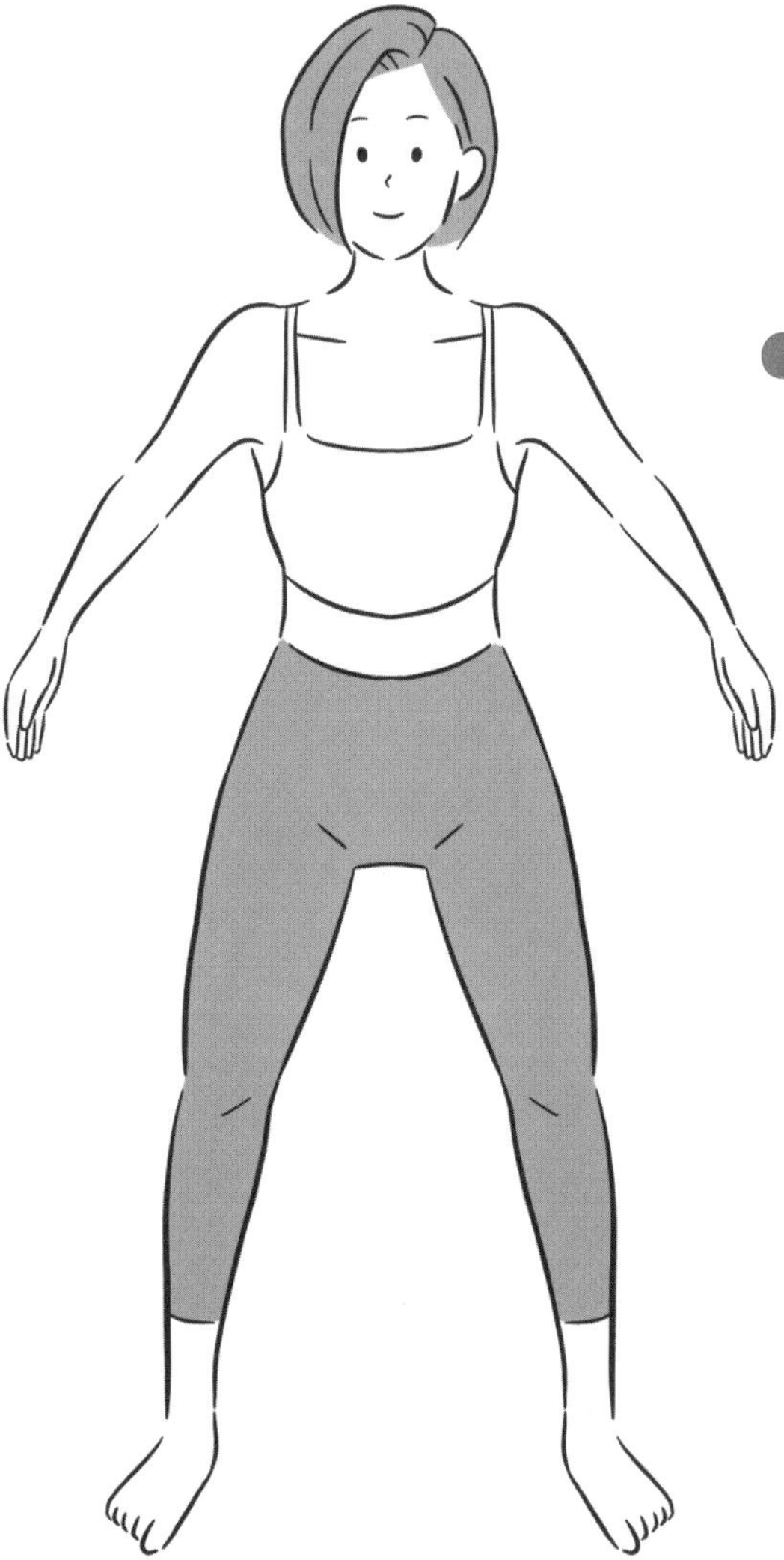

1 足を肩幅くらいの間隔をあけて立ち、膝を軽く曲げ、両手を後ろに引く。

2

勢いよく両手を斜め上に振り上げ、体全体で伸び上がる。また1に戻って、30秒間上げ下げをリズミカルに繰り返す。

10 腕振りきりエクササイズ

所用時間 1分（左右30秒ずつ）

二の腕と肩甲骨まわりの余分な肉はこれで撃退!

ここに効く!

▶ 広背筋・上腕三頭筋

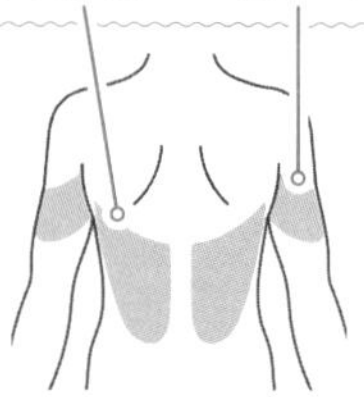

1

足は肩幅くらいの間隔をあけて立ち、左手は腰にあて、右手は軽く拳に握り、肘を曲げて上に向ける。

2

顔を左に向け、右手を左斜め上に伸ばし、右脇を伸ばす。

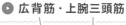

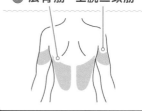

3

顔を前に戻し、右手の肘を曲げる。

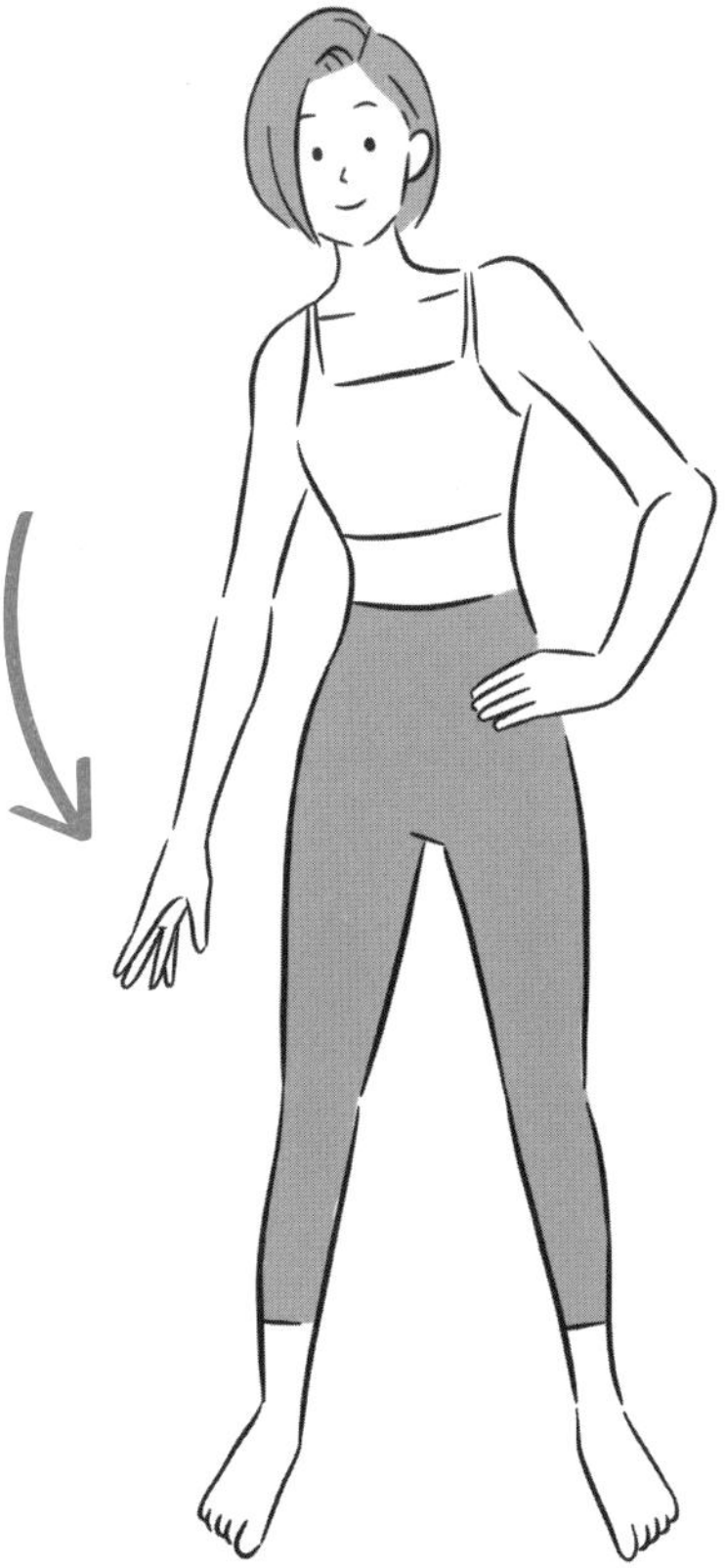

4

右手の肘を伸ばし、背中側の左下に向かって右手を振り下ろす。1に戻ってこの動作を30秒間リズミカルに繰り返す。

>>> 反対側も同様に行う。

所用時間 30秒

11 ハサミエクササイズ

イメージはちょきちょきハサミ。
胸の前でリズミカルに動かそう!

ここに効く!

三角筋・僧帽筋

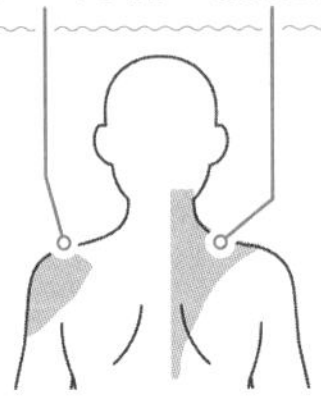

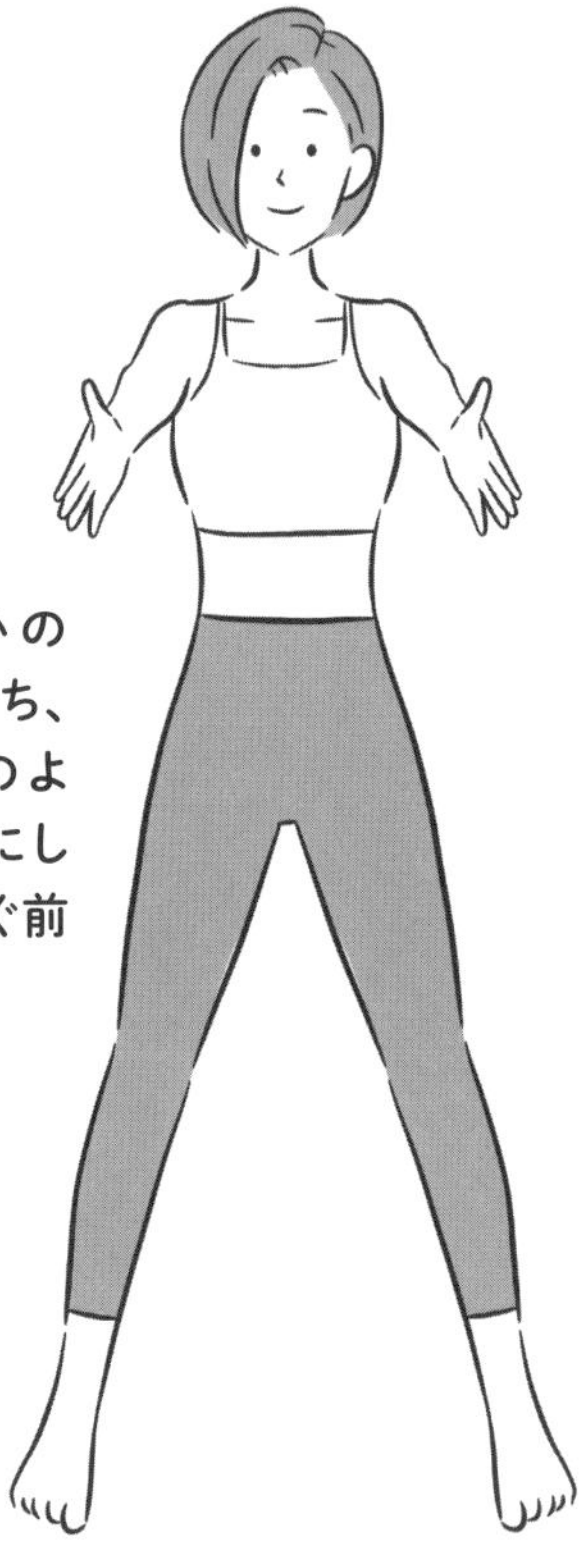

1

足は肩幅くらいの間隔をあけて立ち、「前へならえ」のように、親指を上にして両腕をまっすぐ前に突き出す。

2

顔は前を向いたまま、右手をまっすぐ上にあげ、左手を真下におろす。

3

再び、「前へならえ」のように両腕を前に突き出す。

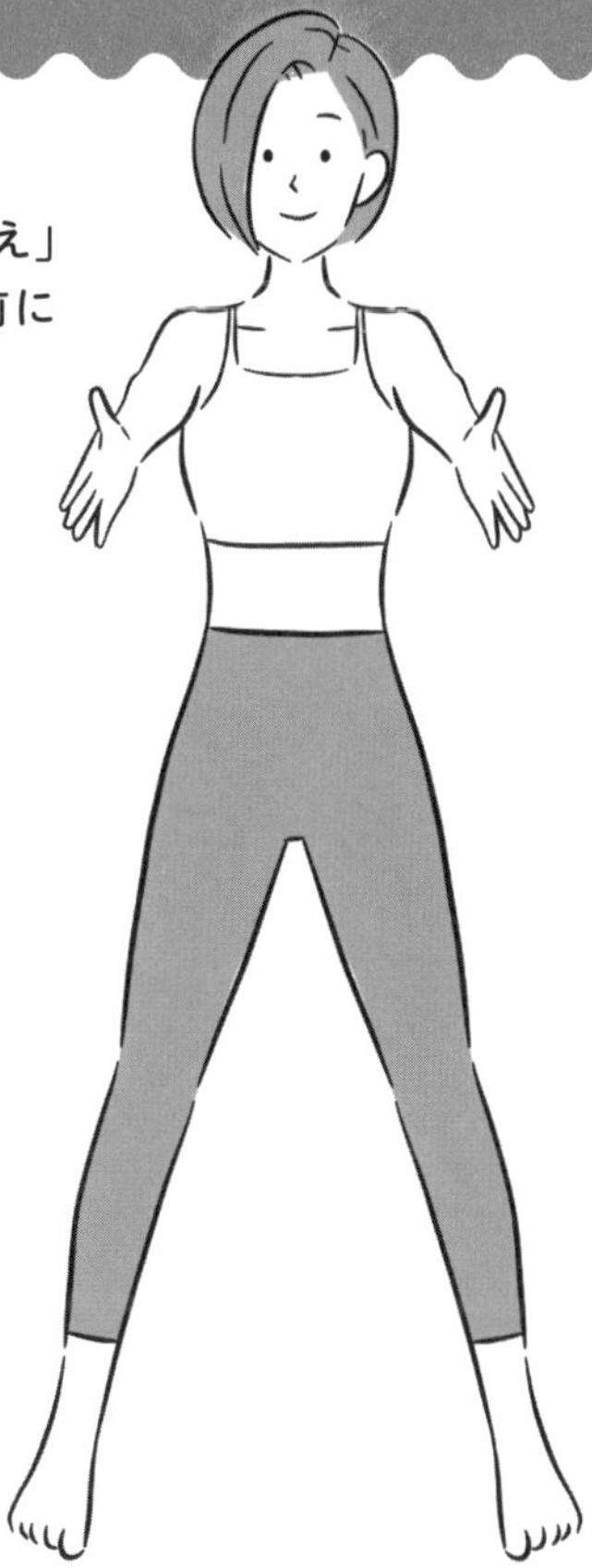

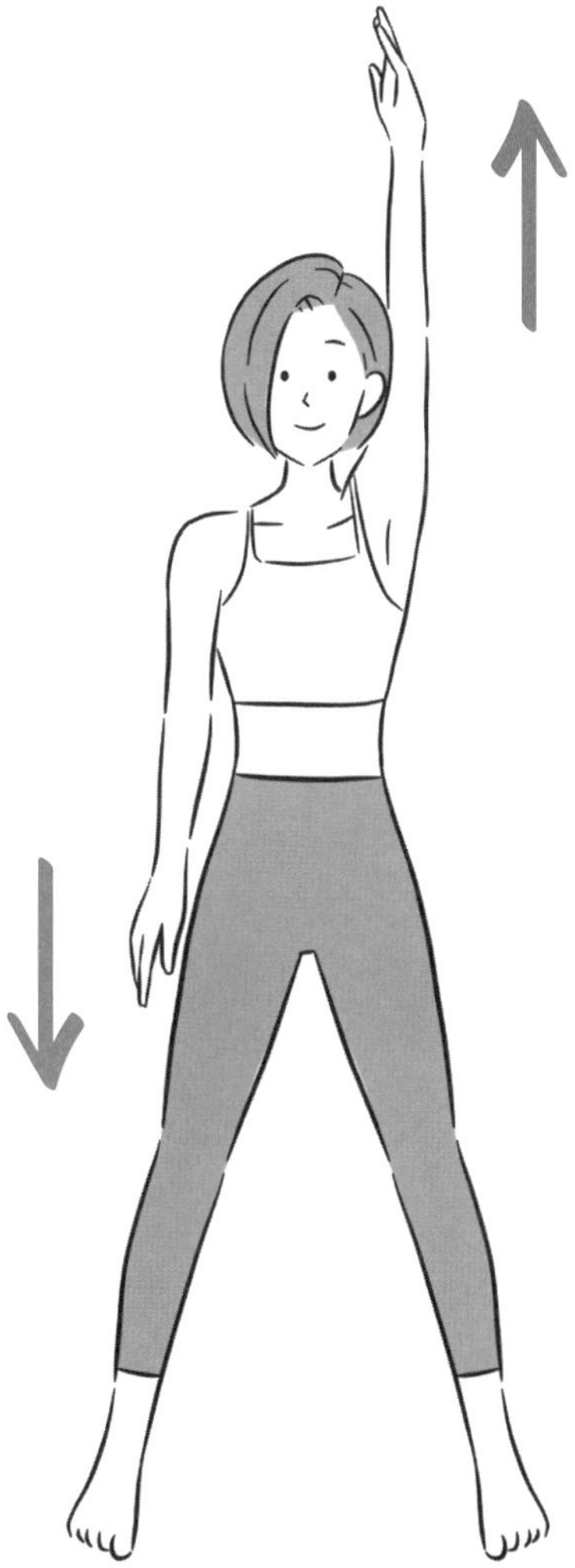

4

今度は左手をまっすぐ上にあげ、右手をまっすぐ下におろす。30秒間、これを交互に繰り返す。

12 肘パカエクササイズ

所用時間 30秒

肩甲骨にダイレクトにアプローチ！
リズミカルにいきましょう！

ここに効く！

棘下筋

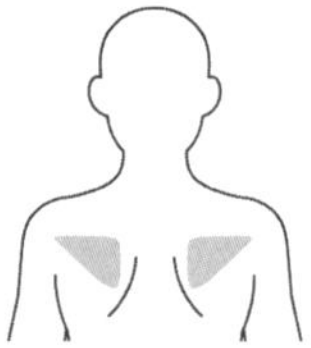

1

足は肩幅くらいの間隔をあけて立ち、両手を耳に添え、両肘を顔の前で合わせるように。

2

手のひらの位置はそのままで、両肘を肩の高さと一直線上になるように広げ、肩甲骨を中央に寄せる。30秒間、これをリズミカルに繰り返す。

所用時間 30秒

13 腕たたき

ウキウキと脇を締めたり開いたり。
胸のハミ肉によく効きます。

ここに効く！

棘下筋

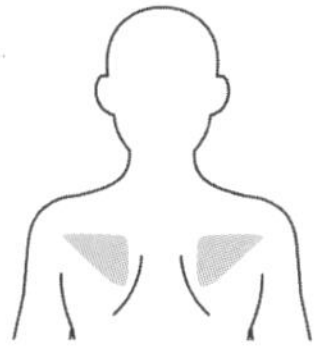

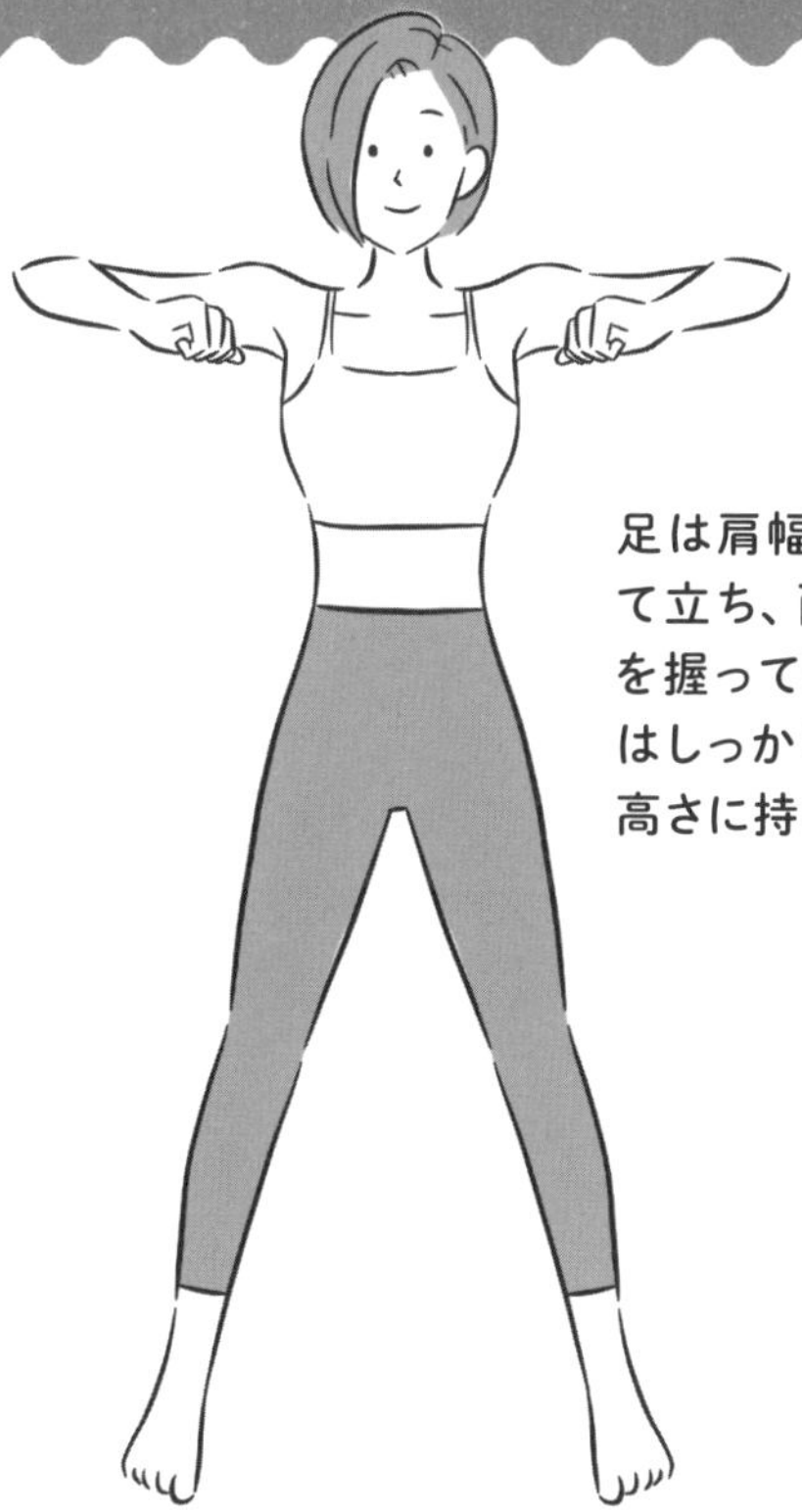

1

足は肩幅くらいに開いて立ち、両手は軽く拳を握って脇の前に。肘はしっかり曲げて肩の高さに持ち上げる。

2

両手の位置はそのままで、肘を下におろす。30秒間、これをリズミカルに繰り返す。

14 腕フリフリ

所用時間 30秒

ラストにダッシュ! 走っているイメージで行いましょう。

ここに効く!

▶ 棘下筋・僧帽筋

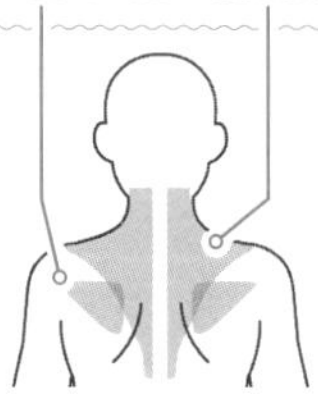

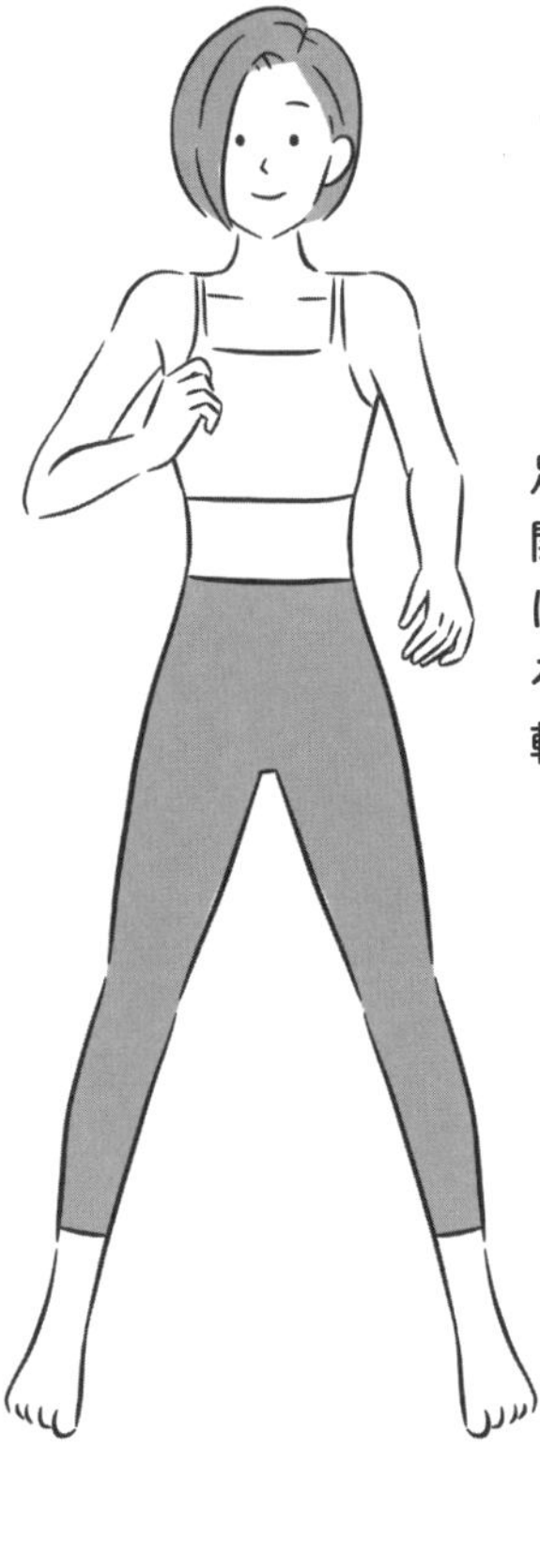

1

足は肩幅くらいに開いて立ち、右肘は前に、左肘は後ろに。手のひらは軽く拳を握る。

2

反対に、左肘を前に突き出し、右肘を後ろに引く。30秒間、これをリズミカルに繰り返す。

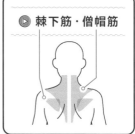

おつかれさまでした！
よくがんばりました!!

……あれ？

続ける4つのコツ

実践パート、いかがでしたか？

難しくなくて、でも体に気持ちいいエクササイズを厳選したので、「これならできそう〜！」と思ってもらえたら、うれしいです。

一歩を一緒に踏みだしたのだから、このあともぜひ続けてほしい。

そのために「続けるための４つのコツ」をお届けします。

1 エクササイズを習慣に

ダイエットは一時的なイベントじゃありません。しかも、現代人の生活習慣はどうしても、ゴリラ肩になりやすいものばかり。いったん「理想の体形」になったとしても、毎日の暮らしのなかで筋肉が凝り固まり、ゴリラ肩に逆戻りしてしまいます。例えば「このエクササイズだけは週○回やるぞ」など、一生ものとして続けていってください。

2 結果を出すことを急がないで

体調の変化が出るには早い方で1カ月、体形の変化はだいたい3カ月かかります。でもそれはあくまで目安で、効果が出るのは人それぞれのタイミングがあります。結果を急ぐと、焦りが出て、ダイエット自体がストレスになってしまって逆効果です。

3 自分の体が変わっていく過程を楽しもう！

例えば1回のエクササイズをするだけで、肩まわりがふわっと軽くなる実感が持てると思います。「ここが軽くなった」「ここを動かすと気持ちいい」という、体の変化を感じとることが、エクササイズを続けるうえでとっても大切。この気持ちよさが、やがて脱ゴリラ肩＝美しい体のラインづくりにつながるとわかっていると、自然とエクササイズが楽しくなっていきます。楽しくなったらこっちのもの！　ダイエットは、自分の体と対話してあげること。

しっかり対話を楽しみながら、続けていきましょう。

見た目の変化で言うと、鏡をパッと見て前回との比較をするのはプロでもなかなか難しいもの。正確に変化をとらえるためにも、全身写真を撮って記録しておきましょう。もし、比較したときに全く変化がない場合は、運動フォームや運動頻度、運動強度の見直しをしてみてくださいね！

4 「いったんお休み」もアリ

今の世の中、いろんな情報にあふれていて迷いが生じてしまうこともありますよね。ＳＮＳで人と比べてしまって落ち込んだり、自分にガッカリしたりという話もよく聞きます。

私自身、一時期ダイエット迷子になっていたことがありました。そんなときは情報を遮断して、ダイエットから離れてしまうのも手です。いったんリセットして「どういう自分になりたいか」「そのために今の自分に必要なものは何か」を見つめ直す時間を持ってみてください。きっとそれがダイエットを続ける近道になるはずです。

「脱ゴリラ肩」おすすめ習慣

エクササイズを始めると、もっと「自分の体のメンテナンスをしてあげたい！」という気持ちが出てくるもの。そこで、エクササイズ以外のおすすめ習慣をご紹介。ちょっと気にとめて、やってみませんか？

●バランスのとれた食事

「肩まわり」にかぎった話じゃないですが、ボディバランスを整えるには食事もとっても大事。血行のためには塩分は控えめにして、食物繊維を多めに。そして体をつくってくれるたんぱく質を意識してとりましょう！

おすすめメニュー例

朝ごはん：納豆ごはん・野菜の具沢山みそ汁

昼ごはん：鶏胸肉の照り焼き定食

夜ごはん：豆腐サラダ・焼き鮭・麦ごはん

●不良姿勢にならないための生活環境づくり！

次のことを生活スタイルで意識してみてください。

・パソコンの画面を、キレイな姿勢をつくったときの目線の高さにセッティングする。

・スマホなどの画面を見るときは、高い位置で持つようにする。

・ぼーっとテレビを見るとき、悪い姿勢になっていないかチェック。テレビを見るために変な姿勢にならないよう、テレビの画面が真正面に来るように座ること。ふわふわのクッションに悪い姿勢でもたれかかるのもＮＧ。

・リュックの紐《ひも》の長さも適正に。長すぎたり、短すぎたりすると、姿勢の負担になる。

・肩掛けカバンは両肩で交互に持つこと。どちらか一方の肩に負担がかかっていないかチェック。

おわりに

運動指導の現場に立つようになってから約16年。カウンセリングをさせてもらうと2人に1人……いやそれ以上の割合で「巻き肩が気になる」「猫背をどうにかしたい」「上半身が丸いのをどうにかしたい」など、肩まわりを気にされる方がここ3年ほどでグッと増えてきたなという印象があります。スマホやパソコン、長時間のデスクワークが当たり前になったこの時代の肩まわり問題は、言わば「現代人病だ！」と言っても過言ではありません。声に出さずとも、実は深刻に悩んでいる方も多いはず……そんなみなさんの手助けができたらと思い、この本を書こうと決めました。

姿勢改善と聞くとなんだか難しそう……と思われるかもしれませんが、考えすぎる必要はありません。だって生まれたばかりの赤ちゃんの頃から姿勢が悪いという人はいないのですから。大人になるにつれて自分オリジナルになってしまった体の使い方の癖やそれに伴う筋肉の緊張、それらをゆるゆると解いて、正しい姿勢に導いてあげればいいだけなのです。そう、姿勢改善は「本来の自分に戻る作業」ということ。

本書では、現代の大人がガチガチに固めてつくっている姿勢の特徴や、私が今まで指導をしてきたなかでみなさんに共通している肩まわりのお悩みのパターンを踏まえて考えた、選りすぐりの運動を紹介しました！　それゆえ、動いてみてきついなと感じるものもあるかもしれません。ただ、それが「今の自分の体を知る」ということです。
「どこが頑張りすぎちゃっているのかな？」「どこの筋肉が足りないのかな？」など、体で感じながら「自分の体と向き合っていく」ことが「本来の自分を取り戻す」につながっていくはずだから。

　毎日できなくても大丈夫。小さくコツコツできることを、できる時間に積み重ねていくことが、確実に自分を変える方法です。仕事で1項目作業を終わらせるたびに、深呼吸してグルッと肩でも回してみてください♪　それだけでも十分なのです。険しかった表情も自然と緩んでリフレッシュになりますよ！　ぜひ、日常生活の片隅にでも本書を置いていただき、あなたの日々のリフレッシュと、素敵な体づくりのお手伝いをさせていただけたらうれしいなと思います。

つむらみお

著者

つむらみお

OL時代に74kgから27kgの減量に成功。その経験を活かしフィットネスインストラクターに。テレビや雑誌のメディア露出多数、2023年には『Forbes JAPAN』が選ぶ「日本でいま注目のクリエイター100人」にも選出。『たんぱく質を食べたら27kgやせた!! マンガでわかる ゆるプロテインダイエット』（KADOKAWA）など著作多数。

X ➡ @fitness_mio
Instagram ➡ @fitness_mio
YouTube ➡ MIO GYM
https://www.youtube.com/@miogym5552

美《び》肩《かた》やせ!

1回《かい》30秒《びょう》でゴリラ肩《がた》解消《かいしょう》!
見《み》た目《め》マイナス3キロ

2024年4月26日発行 第1刷

著　者　つむらみお
発行人　鈴木幸辰
発行所　株式会社ハーパーコリンズ・ジャパン
東京都千代田区大手町1-5-1
04-2951-2000（注文）
0570-008091（読者サービス係）

ブックデザイン　株式会社 東京100ミリバールスタジオ
カバーイラスト・挿絵　メイ ボランチ
ポーズイラスト　いの
編集協力　松崎祐子

印刷・製本　ベクトル印刷株式会社

ISBN978-4-596-53955-7